JN218040

起業、副業、何でもいい！

自分を最高値（さいたかね）で売る方法

小林正弥

CrossMedia Publishing

能力はあるのに、安売りしているあなたへ。
ゼロから3ヶ月で月100万円の収入を新たに得る方法がある。
あなたという商品を最高値で売る方法だ。
しかも、海外を自由に旅行できる自由も手に入る。
そんな美味しい話はない？
実際に、僕たちはそれを可能にしている。
学び、教えることで。

はじめに

本書で提案するのは、ゼロから3ヶ月で月100万円突破する実践メソッドだ。場所を選ばない働き方で、短期間で高額の収入を稼ぐ方法だ。自分を最高値で売る思考法を伝授する。

「あなたは今のままで大丈夫！」などというつもりは毛頭ない。向上心の高いあなたは、「もっと成長したい！もっとよくなりたい」そう思っているはずだ。

本書は、他力本願の人、依存的な人には向いていない。

なぜなら、その考え方がある限り、自分で人生のシナリオをつくることは難しい。バカな上司に使われ、先行き不透明な会社に毎日朝から晩まで出社し、金曜の夜に同僚や後輩と飲み屋で愚痴を言い合うしかない。副業解禁なんて他人事だ。そうではなく、自分の人生は、自分でつくる。そう思い定めた人にとって、本書は最高の戦略書になる。自立している人、自立したい人に向けて本音で書いている。

副業解禁も始まり、誰もが起業家として、複数の顧客と取引することが当たり前の時代だ。

時に耳の痛い話も出てくるだろう。しかし、耳の痛い話が、将来の富を生み出すなら、耳を傾けてもいいはずだ。逆に依存的な人は読むに耐えないだろう。「あなたは今のままで大丈夫」といった癒しを求めるなら、本書は全く役に立たない。**僕がキャリアに迷い、お金に困っていた時、一番役に立ったのは、現実を突きつけてくれた耳の痛い話だった。**読者が言って欲しいことを書いた方が共感は得られるかもしれないが、現実社会で人生を変えるために知っておくべきことを本音で書いた。

本書は、最安値だった過去の自分との対話である。湿った自分に火をつけるため強い口調になっていること、ご了承いただきたい。

僕が本書で提案するのは、「自分を最高値で売る」という働き方改革である。自分を高く売れれば、今より収入が上がり、豊かな生活ができる。働く時間を減らして、家族や友人との時間を楽しむことができる。あなたは今、受け取っている報酬は適正価格だと思うか？　それとも、本来の価値より安い報酬を得ていると思うか？　現状の報酬は置いておいて、どれくらい高い報酬を得たいのか？

一般的な日本の教育を受けていると、「自分という商品価値を高め、最高値で売る」ということを学ばない。仕事のアドバイスといえば、「一生懸命がんばろう」くらいではないか。そのせいで、多くの人が、自分を安売りしてしまっている。本来の価値よりも自分を安く売り、長時間働く、というのが一般的なビジネスパーソンの現実だ。目の前の仕事を一生懸命やることは大切である。しかし、自分を安く売る働き方で頑張っても、お金と時間の自由がないので、人生の幅が狭くなってしまわないか？

本書では、自分を最高値で売り、感謝されながら、お金と時間の自由を手に入れる方法をお伝えする。

僕は、お金と時間の自由は引退後のゴールではなく、自分らしい人生のスタートだと考えている。自分を最高値で売る働き方を実践し、お金と時間の自由を手に入れて、そのお金と時間を使って、もっともっとあなたの人生を楽しく、躍動感のあるものにすることができる。お金と時間の自由は目的ではなく、人生をダイナミックに楽しむための資源だ。その重要な資源を自ら生み出す方法を、本書でお伝えする。

自分を最高値で売る方法　目次

第1章 普通の会社員で年収1000万円はほぼ不可能

第2章 自分高額商品化

第3章 カスタマーサクセス

第4章 ゼロから3ヶ月で月100万円稼ぐ6つのステップ

第5章 安売り思考から最高値思考にアップデート

序章

魚を売るのではなく、釣り方を教えよ

自分という商品を最高値で売る

僕は、中小企業向けの経営コンサルティング会社をやりながら、個人向けに起業・副業の支援をしている。どちらもやっていることは同じ。企業の価値、個人の価値を最大限に高めて、最高値で売るビジネスモデルを構築する、ということ。個人向けにビジネスモデルというと大げさに聞こえるかもしれないが、個人であっても、自分という商品をピカピカに磨き上げて、最高値で売る、というのは立派なマーケティング戦略だ。

これからは会社員であっても、複数の会社と契約し、収入の柱を複数持つ、というのが当たり前になってくる。会社員にとって、雇用主である会社は、顧客と考えられる。自分という商品をパッケージ化し、複数の会社（顧客）に自分を高値で買ってもらえばよい。複数の会社があなたにお金を払っている関係の方が、個人と企業は対等な関係を築ける。毎朝出社し、夜遅くまで働く、という必要もなくなる。そもそも働く時間で契約するのは、典型的な安売り思考。最高値で売る人たちは、時間ではなく提供する価値で報酬を得ている。

例えば、この本の報酬は時間ではもらえない。一方で僕の手を離れたら、本が永続的に価値を読者に提供し、僕に報酬が振り込まれる。

一般的な会社員は、自分の価値を売れる状態、つまり商品としていない。だから、労働時間で報酬を設定する、という働き方になっていただけ。本来は、あなたが提供する価値に対して報酬を受け取るべきだ。あなたの労働時間と切り離して、価値を生む仕組みをつくれば、報酬はどんどん伸びていく。通勤そのものも価値を生んでいない。汗をかいて通勤しても、その汗がお金に変わることはない。オンライン会議ツールを使えば、あなたがどこにいても、複数の会社（顧客）と仕事ができる。

あなたは仕事において、どんな結果にコミットしているだろうか？

僕は複数のプロジェクトを同時並行で進めているが、プロジェクトチームを組む時に、まず最初に聞くのがこの質問。

「あなたはどんな結果にコミットしますか？」

この質問に答えることができ、実際に結果を出せる人は、高値で売れる。逆に、作業や時間にだけコミットしている人は、いずれ安い労働条件の人に置き換わるだろう。

本書は、楽して稼ぎましょう、好きなことをするだけでお金が降ってくる、みたいな夢物語を語るものではない。そのような内容であれば、読んでいる間は気持ちよくなれるだろうが、目の前の現実は気持ち悪いままだ。

率直にいえば、本書は、読者が限定される。真剣に自分と向き合い、顧客と向き合い、価値を発揮していこう、そういった人にこそ読んでいただきたい。また、そういった方であれば、本書はあなたを最高値で売る手助けになる。

専業が安売りの働き方になってしまう3つの原因

専業として一つの仕事で働いている人には耳が痛い話になってしまうが、専業という働き方は知らず知らずのうちに自分を安売りしてしまいがちだ。

この痛みから逃げれば、現実は変わらない。しかし、痛みを感じ、目の前の現実を変えて、自分を最高値で売ることができれば、あなたはこの痛みに感謝するだろう。筋トレで言うところの筋肉痛のようなものだ。あなたを最高値へと成長させる成長痛だ。

●安売り原因その1：時給、月給で働いているから

あなたが生み出す価値ではなく、働いた時間で報酬をもらっている限り、大した報酬は得られない。会社員のトップ層で年収1000万円くらいだろう。しかし、長時

間労働なので、お金と時間の自由は一生手に入らない。

大切なことは、「自分の時間」と「提供する価値を生む仕組み」を切り離せるかどうかがポイントだ。時給、月給で報酬を得ていると、どうしても価値を生み出す、という本気度が弱まる。価値を提供できなければ一銭も入らない、くらいの真剣勝負に身を置いた方が自分の商品価値は高まる。だから、会社に勤めながらも、価値で報酬を受け取るもう一本の柱をもつことをおすすめしている。

●安売り原因その2：1社と雇用契約を結んでいるから

顧客が一社しかないなら、安く買い叩かれるに決まっている。対等な関係は難しい。

実際、あなたは経営者から追加の仕事を頼まれた時、断れるだろうか？ 複数の顧客がいることで、いくつもの収入の柱を持つことができるし、顧客の過剰な要求を呑む必要もない。あなたは会社や顧客の奴隷ではないのだから、不当だと思ったらさっさと契約を解除して、高値で契約してくれる人を探せばいいのだ。

複数の顧客を持つことでいつでも契約を終了できるようになる。自ら辞める選択肢があることで、あなたは自由を手にする。そして、やってみると分かるが、会社（顧客）はあなたを大切に扱うようになる。

自分のルールや価値観を曲げずに、働くことができる。

●安売り原因その３：出社・出張しているから

移動時間は価値を生んでいないから、生産性が下がる。自分が出向くのではなく、オンラインを使うか、顧客にきてもらう働き方じゃないと、あなたの貴重な時間が奪われていく。毎日1時間の通勤時間で、年間260日働いたら、年間260時間という一生取り返せない貴重な資本を失うことになる。

この3つの働き方は、資本家（オーナー）の奴隷になるようなものだ。お気付きの通り、従来の会社員という働き方そのものが、あなたを安売りさせている。個人事業主（フリーランス）だとしても3つに当てはまるなら、安売りしてしまっている。

現在のあなたの能力と、あなたの報酬は比例しない。

頑張れば報われることばかりではないのだ。自分を最高値で売り、お金と時間の自由を手に入れたいなら、自らの意思で、以下の働き方へと変えよう！

働き方革命その１：時間ではなく、提供する価値で報酬を決める働き方

働き方革命その２：複数の顧客を持つ働き方

働き方革命その３：移動を前提としない働き方

３つの働き方革命が必要だ。

これは、国や会社に期待するのではなく、自ら革命を起こしていこう。

僕自身、この３つの働き方革命を起こすことで自分を最高値で売り、お金と時間の自由を手に入れることができた。お金と時間を自分に再投資し、さらに価値ある自分になるべくアップデートしている。

自分を安売りしていると、ストレスが溜まっていく

オンラインも含めると、僕は年間数千人の相談に乗っている。会社員、士業、ドクター、個人事業主（フリーランス）、経営者などさまざまな人から相談をいただくが、みんな自分の働き方に悩んでいる。

●会社員の悩み

・自分が生み出した付加価値は会社の利益であって、自分は時給、月給以上はもらえない
・会社がつくった仕組みという歯車の一部なので、そこから出てお金を稼ぐことができない
・朝から晩まで会社に拘束されているので、自分の人生のほとんどが会社になって

しまっている

・収入が1つしかないので、会社の要求を断れない

●主婦（主夫）の悩み

・パートナーの仕事がいつなくなるか不安

・自分でビジネスをして、生きがい、働きがいを感じたい

・パートナーに頼るだけの人生はいやだ

●士業・ドクターなどプロフェッショナル職業の悩み

・相場が決まっていて、値段を上げられない

・代行しているので、顧客を増やすと時間がなくなるし、人を採用すると、育成に時間がかかる。結局、自分の時間はいつになってもつくれない

・資格で守られている反面、資格を持っている全ての人と価格競争になる

●フリーランス・個人事業主の悩み

・自由といいながら、24時間自宅かカフェで作業している
・クラウドソーシングから仕事はあるけど、単価が安くてお金が残らない
・自分が病気になったら、仕事が止まり、収入が途絶える
・目の前の仕事をこなしつつ、先を見てスキルアップしないとスキルが古びる

自分を安売りしていると、ストレスが溜まっていく。

そして、安売りし続けると、どんどん自信もなくなっていく。安売りする＝自分の価値を低くみている、ということを自分に刷り込んでいるからだ。

あなたを最高値で買ってくれる最初の人物は、あなた自身だ。

あなたが自分の価値を認めない限り、誰も高値で買おうとは思わない。安くて、いい人、で終わってしまう。

なぜこの本を書いたのか？

個人の生産性（時間あたりに生み出すお金）を高めたいからだ。

僕は東日本大震災の後、業務委託のライターの仕事が終了になった。28歳の時に、時給900円の日雇いバイトを経験し、お金の必要性を痛感した。家族の治療費が必要になり、自分の生産性（収入）を上げなければ、病院に通えない。今すぐお金が必要だったので、自分の収入の低さを嘆くひまもなく、社会への提供価値を増やさなければならない、そう感じた。

時給900円の日雇いバイトで、運命的な出会いがあり、1ヶ月後には、独自の手法で毎月210万円の報酬が得られるようになった。自分自身の人生が、人からの教え（教育）によって変わったことから、この教えを必要としている人に伝えたい、そのような思いがあり、筆をとった。

最初に自分を商品化して、社外ＣＭＯ（最高マーケティング責任者）というパッケージングを作り7社と契約したとき、このようなお題がクライアントから飛んで来た。

「正弥さん、6ヶ月で新店舗を黒字化してください」

結果的にこのお題は達成できたが、次の3つのことが重要だった。

- **未経験の新人スタッフでも、短期間で高い生産性が出せる商品パッケージ**
- **高いお金を払ってくれる優良顧客が集まる集客の仕組み**
- **未経験の新人が、短期間で一流のプロになる人材育成の仕組み**

この3つの経験を２０１１年から２０１８年まで積むことにより、僕は社外ＣＭＯとして、合計29社と仕事を行い、売上と職業的知恵を身につけることができた。中には、従業員２００名以上のコンサルティング会社からも依頼があり、前述の支援をさせていただいた。何倍も規模の大きい同業他社から依頼がくるほど、自分の付加価値を高められたと言える。

また、新卒で入社した会社で上司だった方々が起業し、先輩の会社を2社コンサルティングも行った。このように、ラーメン屋の皿洗いをしていた僕でも、自分という商品価値を磨けば、社会に貢献できるようになれたのだ。

この経験を元に、ゼロから起業したい人の支援も始めた。実際は、友人から、僕のやり方を教えて欲しい、という相談ベースで始まったのだ。彼らが興味を持ったのは、

・自分という商品の高額パッケージ化
・複数の顧客（個人・法人）と同時に付き合う方法
・短期間で専門家になり、自分という商品をアップデートする方法

こういったものだ。

僕は、「カスタマーサクセス・フォーミュラ」（顧客の成功を実現する方程式）という独自メソッドで、自分という商品を高額化し、会社員の方でも、1社だけでなく、複数の会社と契約する方法（複業）を体系化した。

あなたが提供する価値で報酬を得る

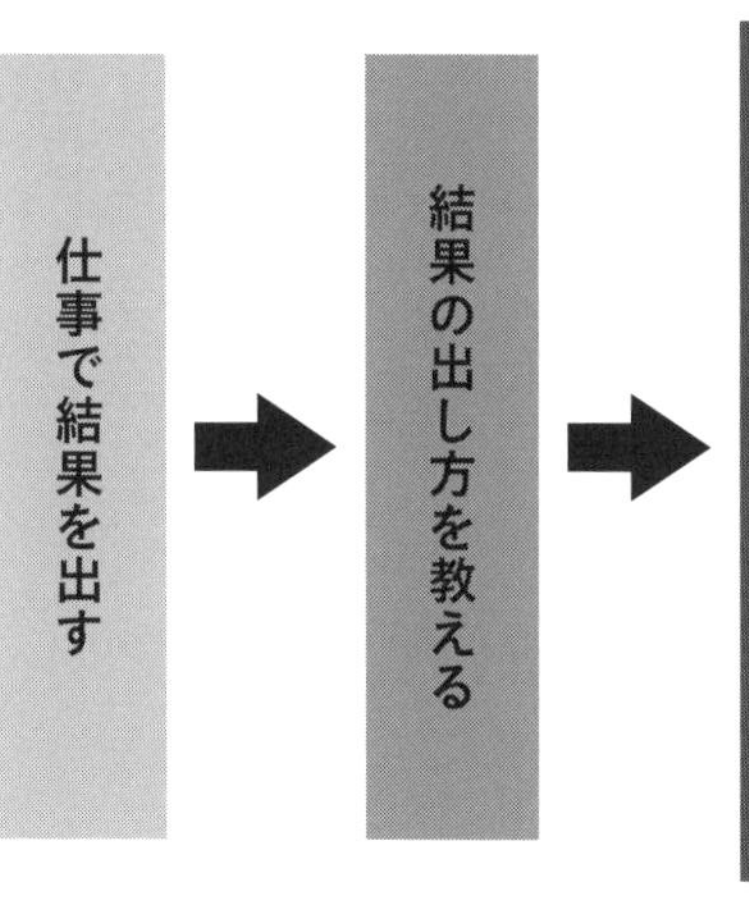

このメソッドを学んだ友人たちからは、

「正弥のテンプレート通りに自分を商品化しただけで、3ヶ月で月100万円突破したよ！」

「複数の会社と契約しても、相手が結果にコミットしてくれるから、働く時間は減ったよ！」

こういった喜びの声をいただいた。

後ほど詳しく述べていくが、自分を高額商品にして、複数の会社と契約するコツは、「教育化」にある。

「教育化」という言葉に出会ったのは、日経ＢＰ社が発行している経営雑誌、『日経トップリーダー』（２０１７年9月）の特集だ。「あらゆる業界の企業は教育化する」、この一言に僕は電流が走った。今まで教育業界のコンサルティングを通じて培ってきた知恵が、あらゆる個人と企業に役立つ、そう確信したからだ。

まず本業で結果を出し、そこで培った職業的な知恵を体系化し、他の顧客に教えることで第二の収益とするのだ。

「教育化」というメソッドを使って僕が実際に収益化を支援したジャンルは多岐に渡る。

具体的に挙げると「英語、速読、起業、マーケティング、スピリチュアル・心理学、写真、メイクアップ、ネイルアート、パーソナルカラー、恋愛、出版、コンサルティング、ＷＥＢ集客、店舗集客、営業、経営、事業承継、コミュニケーション、英国刺繍、コーチング、カウンセリング、お金の教育、不動産投資、ダイエット、筋トレ、ボイトレ、自己啓発、目標達成、研修講師、ライター、情報誌、組織開発、学習塾、家庭教師、社会保険労務士、行政書士、ネットショップ、婚活、介護福祉、貿易仲介、卸業、セキュリティ、Youtuber、占い」といったものだ。

もし僕が挙げた業種の中に、あなたが本業でしている仕事がなかったとしても、それはまだ僕が手伝える機会に巡り合ってないというだけで、「教育化」することは確実に可能だ。不安に感じることなく、本書の戦略を手に入れてぜひ挑戦してほしい。

様々な分野で教育化し、自分を高額商品化して、年収1000万円どころから1億円プレイヤーになっている人たちが出てきている。もちろん、僕もその一人。先ほど紹介したジャンルの自分商品化を支援してきた。

なので、ただ何も考えずに与えられる仕事をしているだけでは、最高値で売ることはできない。自分で「こういった結果を出す」と決めて、KPI（重要業績評価指標）を定め、最速で結果を出す。結果の出し方は、結果を出した人に教えてもらえばよい。教えてもらうコツは「タダ働き」だ。休日にタダ働き、今の言い方ならインターンをして、職業的知恵をアップデートしよう。

そして圧倒的な結果を出したら、それを学びたい人に教えてダブルインカムを得よう。僕は2社で経験を積ませていただき、独立後に自分という商品を作り、最初は7社に結果の出る方法を売った。

僕は、これからは、個人や企業も教育者になる時代だと考えている。実際、僕が社会で生きていくために身につけた知恵は、学校ではなく、人や会社で教わった。自分で職業的な知恵を身につけ、それを学びたい人に教える。体験を通じて学び、体系化し、人に教える、というサイクルを回すのだ。

ことわざに「魚を与えるのではなく、魚の釣り方を教えよ」という言葉がある。中国語では『授人以魚 不如授人以漁』と言われ、「人に魚を与えると1日で食べてしまう。しかし人に釣りを教えれば生涯食べていく事が出来る」という意味の、老子が言ったとされる言葉のようだ。

人が生きていく力を教えるのだから、経済価値は非常に高いわけだ。そして、教育はインターネットを使うことで多くの方に提供できる時代になり、あなたの労働生産性は飛躍的に伸ばすことができる。それが僕やクライアントたちの収入が伸び続けている理由だ。

Column

9人の実践者から学ぶ ①

教育型ビジネスの専門家
(株)教育スクールビジネス研究所
代表　小林正弥

25歳で独立したもののまったく稼げず、時給900円の日雇いバイトを経験。家族の治療費のため、自分を最高値で売ることを決意し、1ヶ月後に毎月210万円の報酬が得られるようになる。具体的には、過去に勤めた2社で身につけた営業・マーケティングの知恵を体系化し、年商2億円前後の企業に対して、「社長が現場を離れても売れる仕組みの構築」を指導。自分を商品化することで報酬を伸ばすことができた。

その後、自分の働き方・稼ぎ方をパッケージ化し、人に教え始めたところ、全国から申込みが集まり、講座やコンサルティングの年間売上が1億円を突破。この手法を多くの方に届けるため、本書を執筆。

日雇いのバイト時代、「小林さんより高校生の方がいい仕事するよ」と言われ自信喪失したが、本書にまとめたメソッドで、自分の本当の価値を見つけ、お金に換えることができた。

2018年、副業解禁となり、「本業で結果を出して稼ぎ、結果の出し方を人に教えて稼ぐ」ダブルインカムの手法を実践する、新・講座型ビジネス実践会を主宰。教えることを仕事にしたい個人事業主・主婦・会社員・起業家が全国から集まっている。ゼロから3ヶ月で月100万円稼ぐ人が続出していることから「才能をお金に換える専門家」と呼ばれ、年間3000万円、1億円稼ぐクライアントもいる。自身がお金に苦労した経験から、地に足のついたアドバイスに定評がある。

▼小林正弥のホームページはこちら
https://kobayashimasaya.jp/

第1章

普通の会社員で年収1000万円はほぼ不可能

仕組みのある会社に入っても大した付加価値は身につかない

僕は人材育成の内製化コンサルティングをしていた時、組織拡大を目指す経営者との議論を経て、どうしたら事業が伸びるのか、1つの成功法則がわかった。それは、「三流の人が最速で一流の仕事ができるようになる、ビジネスパッケージと人材育成の仕組みをセットでつくること」。

それ以来、経営者から、新入社員が3ヶ月で売上目標を達成できる仕組みをつくってほしい、という課題を一緒に解決してきた。その結果、わかったことがある。**普通の会社員に年収1000万円も払う必要はない、ということ。**

なぜなら、誰でもできる仕組みをつくっているので、替えが効く。だから、替えが効く場所で、一生懸命働いていても、年収1000万円を得ることはほぼ不可能だ。代わりの効かない「仕事（価値）を創る人」にならない限り、一つの会社で年収1000万円を頂くことは難しい。ましてや、3週間のバケーションに行くなど、時間の自由を手に入れることは不可能だ。つまり、一般的な企業に勤めている限り、お金と時間の自由を得られるだけの価値を磨くことは難しい。

しかも、仕事のライフサイクルがどんどん短くなっているし、標準化された仕事はAIやロボット、アウトソーシングに置きかわっている。実際、僕の会社では、スピーディーに仕事を標準化し、アウトソースの会社に振り分けている。

仕組みの中で働くだけのビジネスパーソンは、年収の現状維持どころか、どんどん待遇は悪くなる。年収は一緒でも労働時間が増えるなら、あなたの労働生産性（時間あたりに生み出すお金）は下がっている。

実際、市場を見て自分の付加価値をアップデートしていない人たちは、何年経っても年収が上がらず、より長時間労働になっている。それでも会社が雇用し続けてくれればいいが、いつリストラや派遣切り、アウトソーシングへの移行に遭うかわからない。わかっていることは、企業の寿命、商品の寿命はどんどん短くなっているということだ。

あなたは携帯電話やパソコンをどれくらいの頻度で買い替えるだろうか？ 2〜3年で買い替える人が多いかと思う。そのことと同様で、あなたが今の職業で収入を得られるのは、あと2〜3年かもしれないのだ。例えば、データ入力や経理業務なんて3年後に人間の仕事として残っているだろうか？

RPA（Robotic Process Automatic）で人の仕事ではなく、ロボットの仕事になっている。

それと、どんなに一生懸命頑張っても、斜陽産業の既存の仕事だったら年収は上がる見込みは少ない。例えば、年々購読数が下がっている新聞の配達という仕事は、どんなに頑張っても収入が上がるポジティブな材料がない。電子版の普及もあり、いずれ新聞配達の仕事はなくなるだろう。

生産性が低い仕事も年収は上がらない。例えばコールセンターの業務。コールセンターのアポインターは1時間あたりに対応できる電話数を極端には増やせないし、1件の電話の生産性（生み出す付加価値）が高くないので年収は上がらない。むしろ、人件費の安い途上国にどんどん仕事が移っている。しかも、人ではなくＡＩに仕事が移っている。置かれた場所で頑張っても無理なものは無理な場合がある。

働き方の前提は、１人で無限に生産性を高めることができ、かつ働く場所の自由があることだ。この2つがないと、お金と時間の両方の自由を得るのは難しい。１つの会社という檻から出られない、いわゆる社畜になってしまう。しかも、一生面倒を見てくれる保証もない。

これからの時代は、自分という商品を、市場を見ながらアップデートし、複数の顧客を持つ人と、そうでない人の二極化が起こる。いや、もうすでに起こっている。普段付き合っている人は、同じような職業、同じような年収だから、社会は変わっていないように思うかもしれないが、実際は超スピードで変わっている。僕の周りでも、3ヶ月前まで主婦だった人が、月１００万円以上稼ぐ起業家になっているケースがある一方で、高学歴でもリストラされた人がいる。

求められる人材≠活躍する人材

採用広告で募集されている仕事は、求められる仕事ではあるが、活躍する仕事にはならない可能性がある。実際、僕がラーメン屋の日雇いバイトに就いたのは、日雇い派遣の採用広告だ。

採用広告で募集されている人材は、求められる人材である。求められることをやっているだけであなたの収入は上がらない。基本的に、収入は労働生産性（時間あたりに生み出すお金）と比例する。以前の僕のように、求められる仕事（皿洗い）をやっているだけでは収入は上がらないどころか、ＡＩやロボットによって自動化していく。

会社としては、会社の利益に貢献してくれないと報酬を上げられない。しかし、1社だけで頑張っていたとしても、会社に新たに利益をもたらすような職業的な知恵は身につかないことも多い。むしろ、社内にないものは高値で売れる。

活躍する人材になるには、人から与えられる仕事をやっているだけではダメだ。本書で詳しくお伝えするカスタマーサクセス（顧客の成功）を捉え、新しい価値を生み出していく必要がある。複数の会社と契約して、いろんなプロジェクトをやった方が職業的知恵は高まる可能性があるし、A社でうまくいった方法をB社に応用したり、B社でうまくいった方法をC社に応用できる。しかも、各社で手を動かすのはクライアントの社員で、僕は知恵だけ出している。その知恵に価値があるから、各社が高値を払う。

学校卒業時には、あまり収入に差はない。しかし、10年も立つと、年収100万円の人から年収1億円の人まで100倍の差が出てくる。求められる仕事だけをやっているのか、自ら価値を生み出す仕事をやっているのか、の違いだと言える。活躍する人材は、自分で仕事を創っていくのだ。

自分を「商品」と見立てて、世の中に新しい価値を生み出し、活躍する人材になっていこう、というのが本書の提案である。

学力偏差値≠商売（年収）偏差値

学力の偏差値が高い人は、収入の偏差値も高いのか？

教育改革により、学力の捉え方も変わっていくようだが、これまでの学力の偏差値と年収の偏差値は、比例しなくなると考えている。実際、僕は偏差値65の大学を卒業したが、28歳の時の年収偏差値は43だった。偏差値の平均が50なので、当時の学力は平均より高かったが、年収は平均より低かったのである。

僕には、顧客価値を提供して、生産性を高める、ということができていなかった。すでに答えの決まっている情報を暗記したり、数学や物理で論理的に思考することは多少できたが、新しい価値を生み出す力は全く磨いてこなかったのだ。

自分の力のなさに打ちのめされた。学校で評価された「暗記力」や「論理的思考力」

なら、機械の方が圧倒的に強い。今後、学校で評価された能力は社会的価値を失っていく。

一方で、自分という商品価値を高める方法を教わってからは、1ヶ月で、年収偏差値は118まで伸びたのである。とはいえ、全く安心しているわけではない。

参考までに：年収偏差値チェッカー http://nenshuhensachi.com/

あらゆる仕事には賞味期限がある

食べ物には賞味期限があるので、期限切れだと売れなくなってしまう。同じように、僕たちの仕事にも賞味期限がある。別の言い方をすれば、ビジネスパーソンという「商品」にも賞味期限があるわけだ。

例えば、税理士の専売特許だった「会計業務」は、人工知能の会計ソフトが代行してくれる時代になった。

ホームページ制作も、素人でも簡単につくれるソフトが出てきたことで、制作費は下がっている。ということは、同じ仕事を繰り返しているだけでは現状維持ではなく、市場価値は現状維持どころか下がっていく、ということだ。

価値を生み出さずに初任給をもらうことの危うさ

僕は、様々なプロジェクトを同時並行でやっているが、「あなたは何にコミットしますか?」という会話からプロジェクトを始める。何かの成果にコミットできなければ、プロジェクトに入ることはない。これはビジネスでは当たり前だと思う。

しかし、新卒で会社員になるとき、会社は基本的に投資段階だと考えている。学生も、まずは数ヶ月勉強させてください、といったスタンスになりがちだ。

これは非常に危険だ。相手(会社)に価値を提供せず、お金をもらうことに慣れてしまうと、自ら価値を生み出し、その対価としてお金をいただく、という初歩的なマインドセットが育たない。

急激に仕事をめちゃくちゃ増やした方がいい理由

自分の手を動かしていたら間に合わないくらい仕事を急激に増やすと、すごくいいことがある。自分という商品で年間1000万円稼ぐには、がむしゃらに働けばいい。

優秀な人であれば3000万円くらいは稼ぐことができる。とはいえ、これは収入に上限のない働き方での話だ。固定給の働き方で1社と契約しているなら、そもそも難しいだろう。自分を最高値で売る働き方になっていないことを理解してほしい。

年収に上限のない働き方で1000万円から3000万円を気合いで稼いでいても息切れしてくるので、このまま突っ走っても横ばいか、下がったり、上がったりを繰り返すだろう。顧客が増えると、仕事も増えるので、「これ以上はお客さん、来ないでほしい」という思考が現実化し、売上が下がる。売上が下がると、「このままだとやばい！　お客さんが欲しい」という思考をなんとか現実化させる。この繰り返しで疲弊してしまうだろう。

年間3000万円を超えてくると仕組みが必要になる。僕も、人に動いてもらったり、WEB上に自分の分身をつくることで3000万円の壁を超えていった。**つまり、急激に仕事をめちゃくちゃ増やすと、人の協力を得て、結果を出す力が強制的に養われるのだ。**マネジメントスクールやコーチングスクールで学ぶのもいいが、時間に余裕のある人がこういったスクールに行っても大して得られるものはないと思う。「もう猫の手も借りたい！」という状況に追い込むことで、人の力をお借りできるわけだ。自分一人でなんでもできると思っている上から目線の勘違いさんも、本当に人の協力を得なければ間に合わない状況になれば、こうべを垂れるものだ。恥ずかしい話、僕もその一人だ。

結局、自分一人では何もできない。そもそもお客さんに用いられてはじめて市場価値があるわけだし、チームの力を借りるからこそ、売上を上限なく伸ばせるわけだ。

僕は7社と契約したとき、まさにそれが起こった。7つの会社に対して自分の手を動かして価値提供していたら到底回らない。しかも僕は午前中2時間しか働かない、という制約を自分に課していた。平日の昼間に病院へ通う必要があったからだ。

そうなると、各企業のスタッフの人たちに動いてもらうしかない。どうしたら自分の手足を動かさず、口だけ出して結果を出せるのか、必死になったわけだ。その結果、働く時間が1／3になり、収入は7倍になったのだ。

口だけのコンサルタント、虚業とあなたは思うだろうか？　僕がコミットしているのは業績を伸ばす、という結果であって、働く時間ではない。シビアな経営者たちから、長いところだと5年以上の契約を続けていただいているので、価値提供できているのだと考えている。

僕のクライアントには、大手企業に勤めながら、複数の収入の柱を持つ人たちがいる。彼らも同じ道をたどっている。一番年収が高い層が1億円くらいで、彼らはもっとも時間に余裕がある。自分の時間を切り売りしていたら1億円の年収を得るほどの経済価値を生むことは難しいので、人の時間を使って価値を生み出しているのだ。

副業で他力（人・AI・ロボット・お金）を使って価値を生むスキルが身につくと、本業の生産性も上がるのだ。

複数のプロジェクトを同時並行でやる

本業と副業の境がなくなり、複業が当たり前の時代になってきている。商品に賞味期限があるように、会社にも仕事にも賞味期限がある。会社の賞味期限は短くなっているのに対して、人の寿命は長くなっている。どう考えても終身雇用は成り立たない。

そもそも雇用を守るために会社があるのだろうか？　僕は違うと思っている。それだと、病院は、患者の病気を治すためではなく、医師やナースの雇用を守るために患者が存在することになる。逆ではないだろうか？　病院は、患者の病気を治し、健康になっていただくために存在するはずだ。目的と手段が逆になった時に組織はおかしくなるのだろう。国の補助がないと存続できない大企業や学校に、違和感を抱く人もいるはずだ。

1つの会社で1つの仕事を何年もやっている人は、自分の職業的な賞味期限を見極めるべきだ。

もうとっくに賞味期限切れで単なる負債になっている老害もいるだろう。価値を生むことなく、給料を得ているなら、長期的に成り立つはずがない。そのしわ寄せは、若い人にくるわけだが、そのしわ寄せを真に受けるほど、あなたはバカではないはず。

複数のプロジェクトを同時並行でやっていれば、賞味期限切れを起こさず、アップデートしやすいし、働くことを通じて、意味のある人脈が手に入る。自分という名前で人と繋がれるからだ。会社の名刺での付き合いだけでは、会社を辞めた時に切れるかもしれないし、そもそもあなたという個人と付き合っている感覚が先方にはないかもしれない。

1つの会社の仕組みの中で働くサラリーマンは一般的にこう見られているだろう。代えのきくネジの1つだと。実際、僕が新卒で入った会社は、将来、役員候補と言われていた人が次々と辞めていったが、会社の業績は落ち込むどころか毎年売上を更新していたという。これは経営者が優れているからだ。どう優れているかといえば、誰がやっても一定の労働生産性が生み出せる仕組みをつくったのだ。ネジが古くなったり、無くなれば、代わりのネジを調達する。乱暴な言い方をすればこうなる。

もし、あなたが「自分がいなくなったらこの会社はダメになってしまうのではないか？」と考えるなら、安心してほしい。あなたが抜けても会社は回っていくし、ダメになるときは、あなたがいてもダメになる。会社のことより、自分という商品を磨き、市場価値を高めていくべきだ。複業を通じて、市場価値の高い人間になることが、すべての取引先に貢献できる道なのだから。

Column

9人の実践者から学ぶ ②

エグゼクティブ英語コーチ
ドゥルーベック・マヤ氏

マヤ氏はもともと僕と同じ、時給型のアルバイトの形態で英語を教えていた。当時の時給は2000円ほどだったが、現在は時給換算すると4万円以上になっている。なぜなら、高額な講座を受け持つエグゼクティブコーチとして活躍しているからだ。

大学卒業後、一度は商社に就職したが、自分の可能性に挑戦したい、と独立を決意。強みである英語を使ったビジネスで起業することは考えていたものの、従来の時給型の働き方に疑問を感じていた。そんな時に、僕に相談をし、本書の「最高値で売る戦略」を実践したところ、商品を開発して1週間も経たずに、会社経営者から30万円の契約を獲得した。当時24歳の若さで、

300人規模の会社の経営者にプレゼンを行い、即決で契約を獲得したのだ。

マヤ氏は普通の英語教師にはない、商社でのビジネス経験と日米の価値観が分かるという強みを持っていたので、人生経験と英語学習のノウハウを組み合わせて「エグゼクティブ英語コーチングプログラム」を開発。

高額パッケージ化したことで30万円以上の高額プログラムになり、なんと時給換算すると4万円ほどに跳ね上がったのだ。英語というジャンルは競合他社も多いが、独自の「売れるコンセプト」を作ったおかげで、高額でもほとんど売り込みなしで自然に売れた。彼女のプログラムは2ヶ月間だが、結果が出るため、ほとんどのお客様が継続すると言う。その結果、顧客が毎月積み上がっていくので、集客を頑張らなくても売上が安定的に伸びていった。

Column

マヤ氏は、20代前半の若さでも、自分の専門性を磨き、高付加価値のパッケージ化ができれば、企業経営者にも高額で売ることができることを証明してくれた。マヤ氏は、クライアントの経営者たちから尊敬を集め、対等に付き合っているが、同年代の一般的な会社員なら、経営陣と対等に働くことは難しいかもしれない。自ら高いポジションを選択し、活躍している好例だ。今後、専門性を持った10代、20代のプロフェッショナルが伸び伸びと活躍する時代がやってくることを感じさせてくれる。

9人の実践者から学ぶ ③

ブランドコンサルティング会社
（株）ディープビジョン研究所
代表取締役　**江上隆夫**氏

江上氏は、コピーライターとして数社を経験した後、広告代理店アサツー・ディ・ケイ（旧旭通信社）に入社。コピーライター、クリエイティブ・ディレクターとして18年近く、大手企業の広告制作からブランド構築など幅広い分野の仕事に携わる。

これまで担当した企業は、JT、FUJIゼロックス、富士フイルム、NTTコムウェア、バンダイ、ロート製薬、アサヒ飲料、富士通、サントリー、ロクシタン、カルピス健康通販、再春館製薬所、ヤマキなど。

東京コピーライターズクラブ新人賞、朝日広告賞、日経広告賞グランプリ、日経金融広告賞最高賞、IBAファイナリストなどを受賞し、クリエイターとして高い評価を得て独立。

Column

独立当時は、広告キャンペーンづくりが中心だったが、さらなる顧客価値を追求していったところ、企業の本質的な価値を高めるブランドコンサルティング事業を検討した。

本書の戦略を実践し、自身のノウハウを体系化し、全12回の「ブランド構築プログラム」を開発。現在は、大手、中小を問わずブランド構築、事業商品開発、市場戦略づくりなどを手掛けるほか、ブランディングやビジネスに必要な考え方やスキルを伝えていくセミナーや塾も展開し、活躍のフィールドを拡大している。日本とアジアに、次の時代を担う先進的なブランドを1000以上つくることを目標に活動されている。

著書にコンセプトづくりのことを詳細に書いたロングセラー『無印良品の「あれ」は決して安くないのになぜ飛ぶように売れるのか』ほか『降りてくる思考法』（いずれもSBクリエイティブ社刊／中国版・韓国版あり）があり、2018年7月現在はビジョンをテーマにした三冊目を執筆中である。

江上氏は当初「セールスに慣れておらず、一人でやっていたら形にできない」と不安に思っていたが、そんな心配とは無関係に、あっというまにビジネスが軌道に乗り、続けざまに契約が決まるようになった。

方法としてはまずコンサルティングから導入し、広告クリエイティブ制作を追加提案して、業績を伸ばすことに成功されている。ブランディングを体系化した第一人者と言える。

江上氏は、人生100年時代に活躍するキャリアの好例だ。コピーライター→作家・コンサルタントとキャリアの幅を広げて、さらに大きなビジョンに向かって進んでいる。

▼江上隆夫氏のホームページはこちら
http://deepvisionlab.jp/

第2章

自分高額商品化

自分という商品で1000万円、3000万円、1億円の3つの壁

自分という商品で年間1000万円稼ごうと思ったら、シンプルに高額商品化して、複数の顧客と契約すればポーンと達成できる。最低30万円だ。30万円以上の商品パッケージの作り方は後ほどお伝えする。30万円なら、月3件で月90万円、年間1080万円いく。本業以外の収入プラス1000万円を得る。

3000万円稼ごうと思ったら、集客の仕組み化、つまり毎月安定的に新規顧客開拓できる仕組みが必要になる。自分を30万円の商品にするなら、年100人の顧客開拓が必要になる。これもそんなに難しくない。WEB上に自分の分身をつくり、24時間365日集客とセールスをしてもらえばよいのだ。僕もそうやってWEB上に自分の分身が何人もいる。

1億円プレイヤーになるための3つの壁

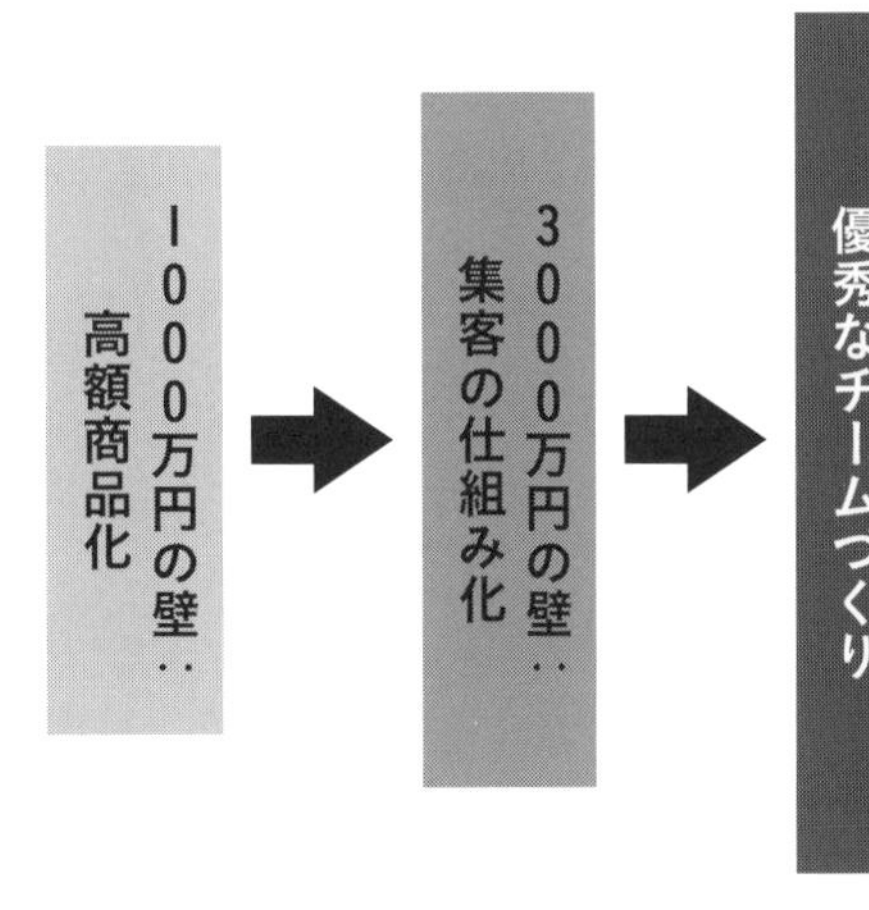

1億円稼ごうと思ったら、優秀なチームが必要だ。特に集客と商品開発に強いマーケッターと外注をマネジメントできる優秀な管理者が必要だ。僕も彼らとチームを組むことで、先日はひと月で6000万円ほどの粗利を生み出すことができた。僕という単一の商品だけで、しかもほとんど家を出ずにだ。

本書は、ゼロから3ヶ月で月100万円を一つのゴールにしているが、その次の3000万円、1億円というステージはこのような方法だ。僕の周りには自分という商品で複数の収入源を持ち、1億円プレイヤーになっている人が何十人もいるが、彼らもこの3つの壁をクリアしている。

ちなみに、精神的、時間的に一番余裕がない、忙しいのは1000万円の人たちで、一番余裕があるのが1億円の人たちだ。なので、1億円プレイヤーになると、自分の成長を止めない限りは、お金と時間を投資して、どんどん自分の付加価値を高め、お金を増やしている。しかも、稼ぐエネルギーが出てくると、優秀な人や情報も集まりやすくなるので、お金・時間・人・情報がどんどん集まり、富める人がますます富む、という好循環に入っていくのだ。本書では、ゼロから3ヶ月で月100万円稼ぐ方法をお伝えするが、あくまでそれは初級編であり、スタートだとご理解いただきたい。

お金はあるけど、時間はない、だとつまらない人生になる

年1000万円くらい稼ぐ人たちが一番忙しいわけだが、彼らはお金はあっても時間がない。そうなると、彼らの支出は、モノに限定される。家、車、服、食事、こういったものしか消費できない。しかし、心理学者アブラハム・マズローの提唱する「欲求段階説」を僕なりに解析すると、人の高次の欲求を満たしてくれるのは「体験」による精神的欲求充足。実際、僕の周りの金持ちは、服は持ち運びできるほどコンパクトだが、「体験」にはドーンと大金を払う。先日も宇宙旅行に数千万払っている人がいた。

僕はこれから世界一周旅行に行く予定だが、お金があっても時間がない人は、新しい体験ができない。外国で、様々な人と出会い、交流し、成長する、というのが楽しいわけだ。そして、新しい体験ができないと、自分という商品の価値が磨かれない。

体験からしか学びとれない知恵に価値があるからだ。

ビジネスとは顧客の欲求充足だと考えているが、自分の高次の欲求充足ができない人に人の欲求充足ができるはずがない。その感性をつかむことができないのだ。毎日会社と自宅の往復をしているだけの人と、世界中を飛び回って、新しい体験を楽しんでいる人とでは、話の面白さ一つとっても違う。そもそも前者の人は、人に語るネタがないだろう。ビジネスは顧客の欲求充足だ。自分が新しい体験をして、高次の欲求充足をしていくことで、「これはお客さんも喜ぶだろうな！」と新しいビジネスのアイデアも湧いてくる。

時間がない、は致命的なのだ。お金と時間の自由はビジネスのスタート。最初から両方の自由が得られる働き方を選択する必要がある。だから「最初から1億円プレイヤーを目指せる働き方を選択しましょう」と僕は提案している。

主婦でも月100万円達成している！

ゼロから3ヶ月で月100万円というと、もともと専門性が高い人しか難しいと感じるかもしれない。そうではない。実際、僕のクライアントには主婦もいて、30万円の講座をつくり、4人に販売して、サクッと月120万円稼いでしまった。

この女性は、心理学を学ぶことが好きで、自己投資として様々な講座に通っていたのだが、今まで学んで、自分が成長したプロセスを振り返り、オリジナルの教育型ビジネスを構築することによって、学ぶ側から教える側になり、主婦業をやりながら空いた時間で月100万円突破している。

現在、僕のクライアントは常時60人以上いるが、1ヶ月たらずで600万円とか1000万円とか受注している人もいる。いずれも女性だ。女性の方が現実的で地に足がついているせいか、決断して実行するスピードが早い。ゆえに結果が出るのも早い。

とはいえ男性クライアントもしっかりと結果を出している。本書でも僕自身を含めて6名の方をご紹介しているが、営業プログラムを開発して1100万円の受注をした方、WEBマーケティングのプログラムをつくって1社あたりの売上が500万円、1000万円と増えた方もいる。コピーライターで今まで無料で相談に乗っていた部分をプログラム化して、初年度から3000万円以上の収益を得た方もいる。**いずれも、ご自身の中にある知識やノウハウをパッケージ化、つまり自分を高額商品化して売っている。**

しかも、彼らは一切の代行や実務をやらない。ある意味、口を出すだけで高額の報酬を得ている。本業でその人にしかできない結果を出し、それを学びたい人に教えることで第二の収益を得ている。

ノウハウには賞味期限があることが多いが、自己投資により常に自分をアップデートしているので、彼らは他の商品に置き換えられることなく、複数の顧客に「長期継続」してもらえている。

モノが売れない時代の新たな戦略が「教育化」

顧客に何かを教えたり、何かを気づかせるという要素をビジネスに組み込むことで、付加価値を高め、集客アップ、売上アップにつなげることができる。

最近見つけた画期的なサービスに、ワインの通信講座がある。月額1万円ほどで月に2本のワインが送られてくるのだが、ワインについて学べるニュースレターも一緒についてくるというサービスだ。

これがまさに事業の教育化である。

普通のワインショップは、お客様が欲しい時に買う、都度課金（フロー型ビジネス）だ。通信講座化することで、1年契約の継続課金（ストック型ビジネス）になっている。

マズローの欲求段階説によると、人間には5つの欲求があり、低次の欲求が満たされると、より高次の欲求を欲するようになるというものだ。

5つの欲求は次の図を見て欲しい。通信講座化して、知的好奇心に訴えることで、食欲だけでなく、ワインの世界を極めたいという成長欲求や、ウンチクを語って他人から「すごい」と言われたい承認欲求を満たすことができる。

勉強会やオフ会をつけて、所属の欲求も満たされる。ワインの味の違い、グラスの選び方、歴史など、自社で教えられるものを出す。はじめから完璧を目指す必要はなく、自分たちが学びながら、教えていけばよいのだ。

マズローの欲求段階説

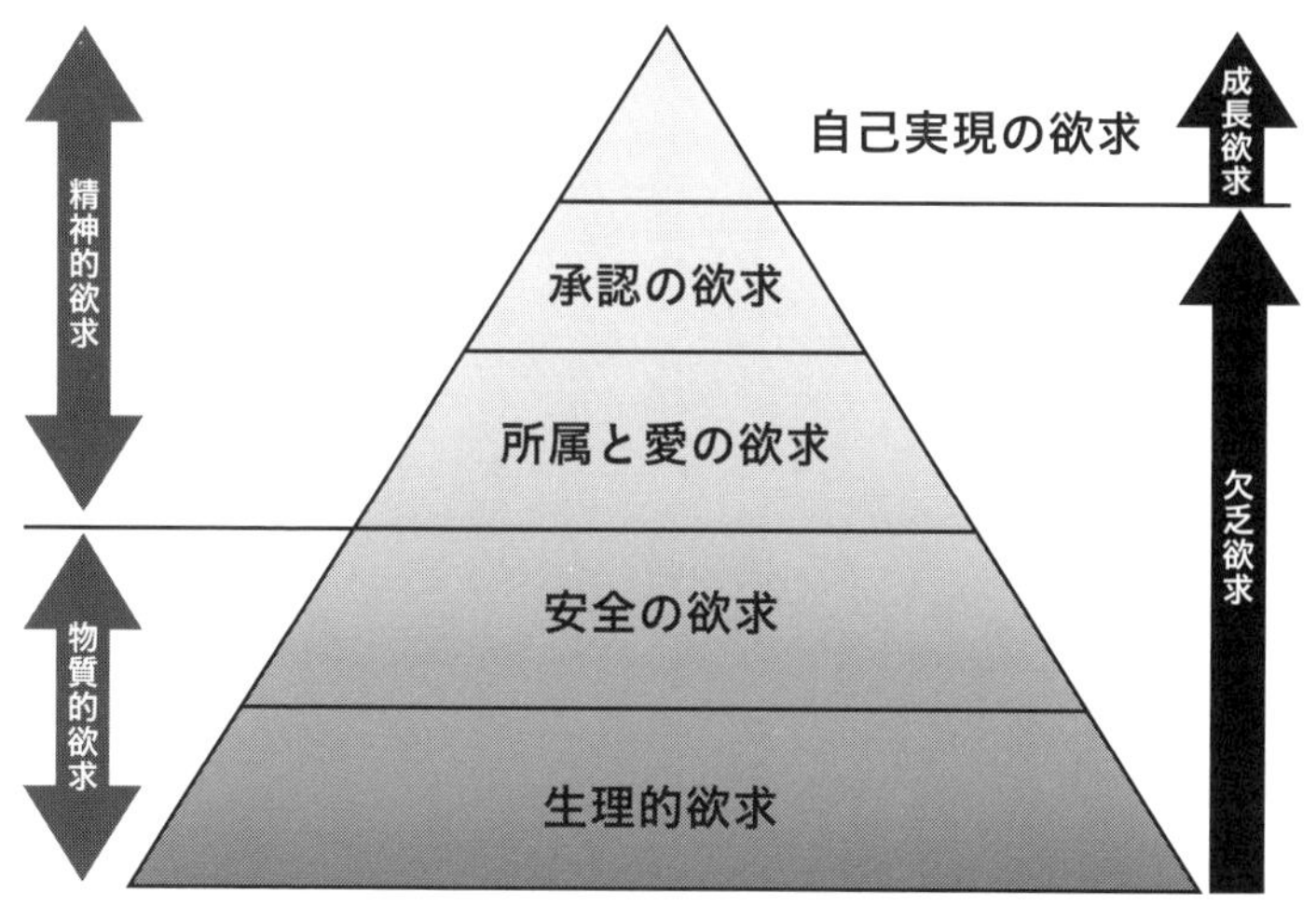

あなたが最高値で売れるテンプレートがある

本書でお伝えするのは、抽象論ではなく具体的な方法論。

僕はこの10年間、お客様の継続的な利益を増やすことと、継続的な幸福を追求していくことの2つを本質的な提供価値として、真剣勝負の仕事をしてきた。10年間、素晴らしいお客様とのご縁をいただき、たくさんの成功体験と失敗体験をつかみとることができた。

本書は、お客様と僕の、血と汗と涙の結晶である。実際に実践し、結果を検証し、ノウハウを体系化している。**本書は、あなたの経済価値を引き出し、商品パッケージ化し、最高値で売り、今よりも多くの収入を得ていただくことことが目的である。**あなたに「本書を読む時間、書籍代を投資する価値があった！」そう思っていただかなければならない。

そのために、あなたが最高値で売れる戦略がしっかりと詰まっている。ぜひメモを取りながら真剣に読んでいただけるとうれしい。

そして、読むだけでなく実践していただきたい。本書の知識・情報そのものに価値はない。あなたが本書の知識・情報を使って、あなた史上最高値で売れることに価値がある。

具体的な自分高額商品化の方法論が世に出ていない

ここまで読むと、「ありがちな自己啓発本だな」と思われるかもしれない。ただ、他の本との違いは、具体的にどうやって自分を高額商品化して、3ヶ月で月100万円の収入を得るのか？　という具体的な方法を論じている点にある。

本書では、方法論に加えて、成功事例も載せてある。とはいえ、方法論は万人受けしない。

自己啓発なら、誰が読んでもやる気になれるのだろう。Ａｍａｚｏｎのレビューを読むと、自己啓発書のレビューには、「心が熱くなりました！」というコメントがある一方で、「中身がない、1500円の価値がない」、みたいなレビューがある。僕が思うに、心が熱くなるだけで、1500円の1000倍、つまり150万円くらいは生み出せるマインドと行動力を持った方が良いと思うのだが、「やる気」だけではどうにも変えられないこともある。僕自身、セミナーや自己啓発書で心が熱くなっても、財布は厚くならなかった過去がある。

本書は、「教育化」という方法論に限定しているので、あなたに合うかはわからない。他にも、自分を高値で売る方法はいくらでもある。少なくとも、「教育化」は僕やクライアントさんの人生とビジネスを飛躍させてくれた方法論である。やってみる価値はあるはずだ。

ダイエットとビジネスは同じ

正しい方法を継続すれば、必ず結果は出る。

ダイエットなら痩せるし、ビジネスなら利益が伸びる。

僕は、2ヶ月で12・3キロの体重を落として、5年以上キープしている。体重のコントロール方法を身につけたからだ。

ゼロから3ヶ月で月収100万円を突破して、毎月安定的に100万円以上のお金が入ってくる状態を最初から設計し、パチッと先につくっていく。図にすると次ページのような表になる。

毎月の収入が100万円以上あり、支出を抑えられれば、月に何十万円ものお金が残る。

価値最大化➡高額×長期継続

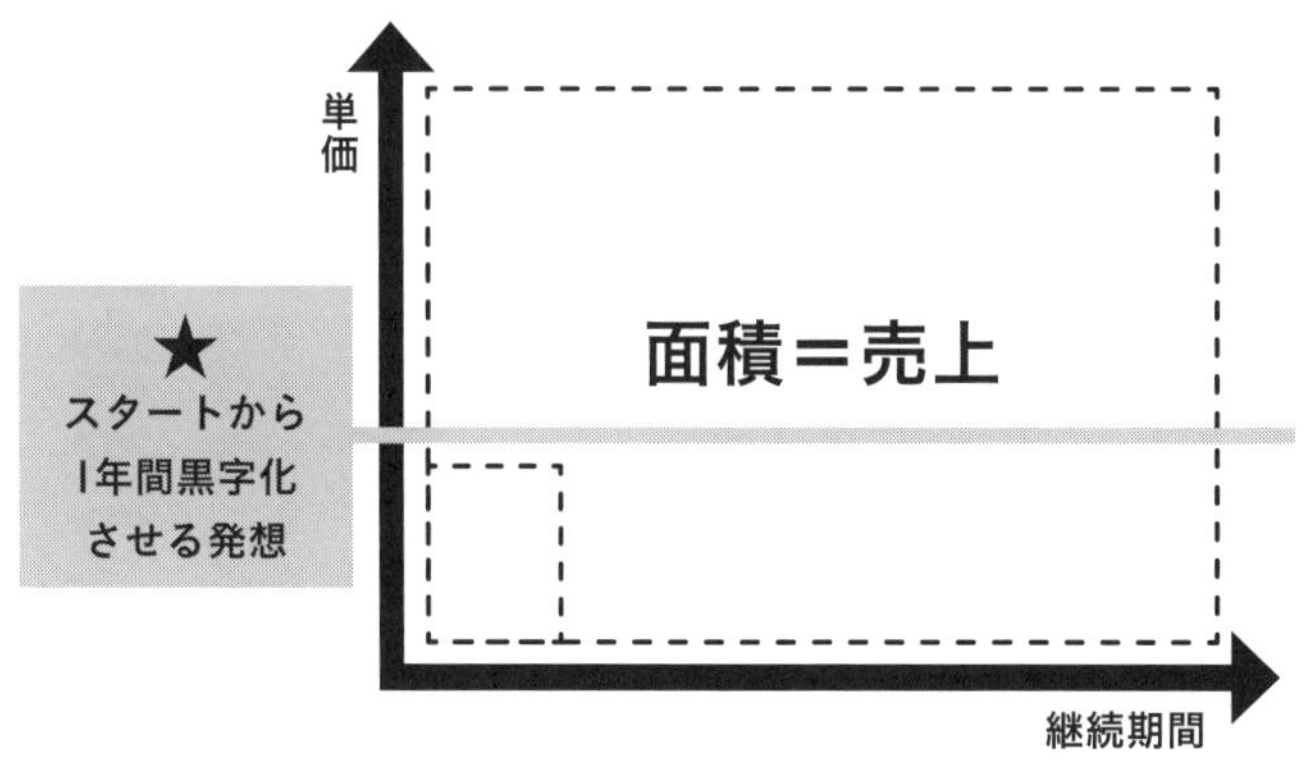

僕自身、この5年間、ダイエットはリバウンドしていないし、ビジネスは赤字にならない。**「数値管理」と「行動管理」をきちんとやれば結果は維持できる。**

タダ働きこそ、最強の自己投資である

あなたは社会人になってからタダ働きをしたことがあるだろうか？

あなたが今、生産性の低い仕事、退屈な仕事をしているなら、本業の他にタダ働きをオススメする。

実はタダ働きというのは、あなたの商品価値をもっとも高めてくれる。なぜなら、信頼関係を構築した上で、「タダで働かせてほしい」と伝えて、断る人は少ない。だから働きたい人、学びたい人と働ける。特別な専門性を持っていなければ、安い給料で誰でもできる仕事しか就職先はないだろう。誰でもできる仕事になっている時点で、その仕事の単価は安いし、賞味期限は短い。**その仕事、もしくは仕組みを構築した人にはお金が入ってくるが、その仕組みで働く人に大した価値は求められていないし、頑張ったところで価値も磨かれないだろう。**

しかし、タダ働きは、あなたが働きたいと思う人のプロジェクトにジョインできる可能性が高い。そこで、ひたすら仕事を率先してやり、結果を出す。気づけば、その経験が血となり肉となり、あなたの商品価値を上げてくれる。

僕は社会人になってから、タダ働きをよくやっている。もしくは、「この人は！」と思う人からはお金をもらわず、徹底的なGIVEに徹するようにしている。お金をもらわずにGIVEだけしてた方が相手との距離が近くなるし、僕はよく家族ぐるみの付き合いになったりする。その会話の中で、その人の価値の中核の部分に触れることが頻繁にある。そういった実学の中で自分を高めていくのだ。最近は、個人や企業がオンラインサロンを主宰し、その中でプロジェクトが行われているので、参加するのもよい。何も価値を生み出さなくても給料がもらえてしまう環境は、一見楽そうに見えて、非常に危険である。そのような環境に3年もいたら、あなたは野生のビジネスパーソンには戻れないかもしれない。

これからはプロジェクトベースの仕事が増えるので、タダ働きで中核の仕事に入りやすくなる。

それと、タダで知識や情報を発信することも積極的にやった方がいい。僕は、常に役立つ知識・情報を無料で発信している。この人は、と思う人には個別に連絡している。なぜか？　信頼残高を貯めているのだ。

何かしらあなたが自分という商品を売る時に、信頼残高を消費する。タダ働きさせてください、と無料で自分を売るときですら、どこの馬の骨かわからない人間をプロジェクトに入れることはないだろう。常に周りの人たちに、この人は役立つことをいつも教えてくれる、という信頼残高を貯めておくとよい。**信頼残高が貯まっていないと、あなたという商品は売れない。**

信頼残高が高くなれば、一回は期待を込めてお金を払ってくれるだろう。買っていただいた顧客に圧倒的な価値を提供し、リピートと紹介が生まれるようにしよう。

自分だけのために学ぶのではなく、顧客のために学ぶ

僕はクライアントに、「教えることを前提にして学びましょう」と伝えている。僕自身、毎日一冊は本を読んでいるし、Webメディアで情報収集しているし、クライアントやビジネスパートナーとのディスカッションの中で学び続けている。その全ての活動において、「顧客に役立つことは？」という視点を持っている。そして、〝学ぶ〟と〝教える〟を毎日同時並行で行っているのだ。

毎日配信している音声メルマガも、土日も休まず続けている。この習慣を身につけてから、自分の収入は飛躍的に伸びたし、様々なプロフェッショナルと親しくなれた。なぜなら、知恵というものは貸し借りであって、もらうものではない。そのことをプロフェッショナルほどよくわかっている。僕は、自分の知識・情報を無料で発信することで信頼残高を貯めようとしている。

あなたはもっと高値で売れる

あなたは「自分を高値で売る」ということを戦略的に考え、実行したことはあるだろうか？

一般的にあなたの顧客（会社）は、あなたにはできるだけ安く働いてほしい、と考えている。あなただって買い物をするとき、より安く買いたいと思うだろう。人並みの生活ができるだけの安い給料で、高い生産性を生み出し続けてくれたら会社は儲かる。

給料アップ以外を支えているのが、働きがいというもの。せっかく働くなら、高い報酬と高い働きがいの両方を手に入れた方が楽しい。そう僕は思う。

あなたが適切な価値と価格をプレゼンテーションしなければ、相手の希望価格で売ることになる。その価格とあなたの本来の価値はイコールではない。あなたが今いくらの報酬を得ているかわからないが、本書の戦略を実行し、あなただけの価値をつくり込めば、今まで以上に高値で売り、もっと高い報酬を得ることができる。あなたという商品の価値を最大化すれば、高くても売れる。

あなたという商品価値を最大化できる一つの手段が「教育型ビジネス」だ。とはいえ、従来の学校教育ではない。本書で提案する教育は、顧客の最上の欲求である、自己実現を叶えるものだ。

自分で結果を出して稼ぎ、教えて稼ぐ

ゼロから3ヶ月で月100万円のロジックはこうだ。

人が高額を払っても学びたい商品をつくる。

個人向けなら30～120万円（専門学校の費用）、法人向けなら240～600万円くらい（人件費）。

30万円でも4人契約すれば100万円を超えるし、法人向けなら1社で超える。

「自らの本業で結果を出し、人に教える」というサイクルを回すのだ。これが自分という商品を最高値で売る方法だ。人が高額を払っても学びたい、と思う結果をまず出すのだ。ダイエット、語学習得、起業法、資産運用、投資、なんでもいい。ただ、人が高額を払っても習得したいものでなければならない。

あらゆる仕事には賞味期限がある。最終的には消滅する。だから常にアップデートしていく必要がある。例えば、フィルムカメラで綺麗に撮る方法、というものは20世紀は売れたが、21世紀は一部のマニアにしか売れないだろう。フィルム市場がほぼ消滅しているからだ。

このように、教えるノウハウ、さらにその大元である、あなたという商品には常に賞味期限がある。僕たちは、常に市場を見ながら、自分という商品をアップデートし、結果を出し続け、うまくいった方法を教えることで稼ぎ続けることができる。実際、僕は起業当初、マーケティングの分野でそれをやった。

WEBマーケティングで結果の出る方法を身につけ、それを学びたい企業に360万円のパッケージで売ったのだ。

しかし、それが数年後も売れるか、といえばNoだ。結果の出る手法はみんなが真似するし、いずれ手法そのものが陳腐化する。賞味期限切れのノウハウはもちろん売ってはいけない。それでは腐った食品を売るようなものだ。売ったところで、結果が出ないし、顧客はお腹を壊すので、評判を落とし、仕事ができなくなる。これからは、財務諸表には載らない資本も重要だ。例えば、評判・人脈という資本。これを失えば、いくらお金があっても商売ができなくなる。良い評判も悪い評判もインターネットであなたの評判は一気に広がるからだ。

自ら結果を出し、そのノウハウが生きている間に、あなたは次のことにチャレンジし、結果を出し、ノウハウをアップデートしていく。このサイクルが重要だ。

僕の知り合いで契約のルールを一方的に破り、関係者の信用を失ってしまった人がいる。関係者は悪い口コミをするので、この人はその界隈で仕事ができなくなってしまった。

実際、機密情報など外に出してはいけないものはある。ただ、あなたが掴み取った知恵は、ルールを破らない方法で、それを学びたい人に提供する手段はあるはずだ。逆に、会社の名前や会社の実績、ノウハウだけで勝負しようとするなら、それは本質的にあなたという商品の価値ではない。

朝活とか読書会とかやっている人たちがいるが、学んでいるだけ、知識や情報をインプットしているだけでは稼げる人にはなれないだろう。

知識や情報をアウトプットして、お金を受け取る活動もセットでやるべきだ。自己投資と称して金と時間を使っているだけでは一生お金は入ってこない。インプットとアウトプットを同時に行い、教える側になるのだ。

お金と時間をつくり、さらに新しいことに挑戦する

まず、結果の出せないビジネスパーソンに経済価値はない。結果にコミットできないビジネスパーソンは仕事がなくなる。

時間で働いているだけでお金がもらえる時代はもう終わろうとしている。労働時間ではなく、生み出す価値で報酬をもらうのが当たり前になる。**本書で扱う、自分を〝最高値〟の商品にするには、人が簡単には真似できない圧倒的な価値を生み出す必要がある。**その価値をどうつくるかは、第4章で扱う。

自分を最高値で売ることができれば、お金と時間の両方が手に入る。1ヶ月働いて30万円もらうより、1時間働いて30万円もらう人の方が時間ができるだろう。やり始めるとわかることだが、お金と時間がないと「あなたを商品化して売る」がやりにくい。朝から晩まで日常業務に追われていたら、商品開発している暇がないからだ。**お金と時間がある人が、もっとお金と時間を手に入れるのはこのためだ。**お金と時間がないなら、働けど、働けど、お金と時間は残らない。どこかでこの貧乏サイクルから抜け出す必要がある。

あなたが今忙しいなら、本書で適切な戦略を手に入れて、燃えるような情熱で取り組もう。有名企業に就職して一生懸命働くだけでは、安くて一生懸命働いてくれる「必要とされる人材」になれても、高額を稼ぐ「活躍できる人材」にはなれない。

今、さまざまな業界で、第二の収益事業として教育型ビジネスを始める個人や企業が増えている。シンプルに儲かることに気づき出したからだ。しかも、儲かるだけでなく、学んだ生徒を雇用したり、様々なメリットがある。今すぐ、人が高額を払ってでも学びたい、結果の出る仕事をしよう。

9人の実践者から学ぶ ④

WEB制作会社
アートマチック（株）
代表取締役　**真崎信吉氏**

Webマーケティングを主軸にホームページ制作会社アートマチック（株）を経営されている真崎信吉氏を紹介する。近年、素人でも簡単にホームページが作れるソフトが普及してきている中で、ホームページ制作の単価が下がってきている。しかし、真崎氏の会社には、高値を払ってでもホームページ制作を依頼したい、という個人や企業から注文が殺到している。僕もその一人だ。

高くても顧客がお金を払う、その理由は、マーケティング戦略に基づいた売れるホームページを作る独自技術にあったからだ。高額な制作費を払っても集客ができるので、費用対効果がよいのだ。

Column

真崎氏は、本業であるホームページ制作ですでに活躍しており、僕自身も、何社もご紹介をしていた。真崎氏は、僕との打ち合わせの時に、新しいキャッシュポイントの可能性に気づかれた。それが、「売れるマーケティングの仕組みづくりを教える」という教育事業、コンサルティング事業である。

ある時、ホームページ制作の商談の時に、依頼主であるお客様から、「真崎さんにWebマーケティングのことを教わりたいので、時間を作っていただけませんか?」と相談があった。真崎氏は、このビジネスチャンスを見事につかみ、早速、そのノウハウを体系化することに取り組んだ。

本書でお伝えする「自分を最高値で売るための教育型プログラム開発」に取り組まれたのだ。1ヶ月足らずで、全12回の「WEBマーケティング・プログラム」を開発。今まで無料でマーケティングに関する相談に乗っていたが、これを360万円のコンサルティング・プログラムに進化させたのだ。

これらの試みによって、1社あたりの売上が500~1000万円に急伸した。

しかも、コンサルティングから導入し、WEB制作を追加提案していくので、相見積もりになることもなく、クライアントと長期的な関係を築いている。また、社内向けにマーケティングを教える育成研修講座のニーズもあり、そちらのプログラムの成長も期待されている。

従来のホームページ制作会社が苦戦している中、真崎氏は、本業×教育型ビジネスで圧倒的な付加価値を高めており、事業を成長し続けている。

真崎氏のように、プロとして制作代行している方なら、第2の収益事業として教育型ビジネス（講座・コンサルティング・オンラインスクール）を構築することは難しくない。教育型ビジネスなら、制作代行しないので、原価がかからず高収益かつ時間的自由を確保することが可能だ。

▼真崎信吉氏のホームページはこちら
https://www.artomatic.co.jp/

Column

9人の
実践者から
学ぶ
5

筑波大学発ベンチャー企業
（株）エデュケーションデザインラボ
代表取締役　平塚知真子氏

平塚氏が代表を務めるエデュケーションデザインラボは、ICT教育で注目のベンチャー企業である。Google認定教育者のトレーニングと認定資格を取り扱うGoogle for Education PDパートナーとして、日本の教育現場に、わかりやすくICT活用を指導している。全国の学校教員が、スキマ時間にICTが学べるように、eラーニングを活用した反転学習のプログラムを開発。日々更新するICTを、動画を活用してわかりやすく指導している。プログラム開発をサポートさせていただいたが、平塚氏が開発したプログラムには圧倒的な市場ニーズがあり、1ヶ月足らずで大型の契約が決まり、全国から問い合わせが集中している。

日本のICT教育改革のため、平塚氏のますますのリーダーシップに期待したい。

▼平塚知真子氏のホームページはこちら
https://www.edl.co.jp/

第3章

カスタマーサクセス

何にコミットするかで、報酬は変わる

売っている商品がなんであれ、自分を最高値で売る人たちが販売しているもの、それは顧客の成功（カスタマーサクセス）だ。

「モノを売るのではなく、価値を売る」と言われるが、さらに発展して「顧客の成功（カスタマーサクセス）」を売るのである。

顧客がもっとも実現したいサクセスこそ最高値で売れる。

顧客の成功（カスタマーサクセス）を売る

あなたの顧客は誰だろう？

その人たちがもっとも手に入れたい成功（カスタマーサクセス）はなんだろうか？

僕が最初に考えたのは、売上2億円くらいのワンマン経営者に対して、「社長が現場を離れても、業績が伸びる会社」というカスタマーサクセスを提案し、自分を360万円のパッケージ商品にして、売り出した。そこから、カスタマーサクセスを追求しながら、自分の働き方にも仕組みを取り入れて、自分という商品で1億円以上の粗利が得られるようになったのだ。


あなたは今、何にコミットして働いているだろうか。

朝から晩まで会社にいる、という時間？

この仕事を終わらせる、というタスク？

この目標を実現する、という結果？

「結果にコミット」と言えばＲＩＺＡＰが有名だが、なぜあれだけ高額なのにたくさんの顧客がいるのか？　それは結果を売っているからだ。

一般的なジムは、利用時間を売っているので、大した金額が取れない。日雇いバイトがなぜ最安値なのか？　それは、時間にコミットしているから。

極論、その時間、その場所にいることで報酬が確定するわけだ。そして、どんな素人でも、その時間、その場所にいれば、一定の生産性が上げられる仕組みを資本家側は作っている。だから、僕じゃなくてもいいし、誰がやってもいい仕事なので、安い。その仕事を10年やり続けたらどうなるか？　自分では何も思考できない労働者になるだけだ。

自分を最高値で売るなら、結果を売ろう。タスクや時間を売っても、単価が安く、長時間労働になるだけだ。自分の価値を分かち合い、カスタマーサクセス（顧客の成功）を追求するのだ。

自分を最高値で売る、という働き方改革の本質は、自分の価値を最大限分かち合い、カスタマーサクセスを追求すること。カスタマーサクセス、という結果にコミットするほど、働きがいも増すし、仕事を通じて成長できる。

最安値の自分を変えてくれた、1億円プレイヤーたちの教え

最安値を更新し続け、キャリアとしては転がり落ちていった僕は、当時、自分の成功や幸せばかりを考えていた。「どうすれば自分はお金持ちになれるのか？」「どうすれば好きなことをして幸せに暮らせるのか？」そういったことを妄想し、自分のことばかり考えていたのだ。

僕は貯金を切り崩していたが、ずっと続けば、誰かのスネをかじらなければ生活していけない状態だった。20代後半は、同世代の結婚式も多く、時間はあるのに、お金がなくて出席できないことも。1円にもならないプライドが、余計に僕を引きこもりにさせた。こんな28歳の僕だったが、ある時、転機が訪れる。経済的自由を手に入れている社長さんに出会い、こう言われたのだ。

「お前は、お勉強は多少できたかもしれないが、商売は偏差値30だ。この先どうやって生きていくんだ？」

……僕は、現実を突きつけられ、言葉を失う。そして、ただがむしゃらに「なんでもやりますので、働き方を教えてください！」そうお願いした。

そこから僕は、自分の稼げない思考ではなく、彼らの稼ぐ思考をインストールすべく、素直に実践。すると、気づけば、月の報酬は210万円に跳ね上がっていた。

1億円プレイヤーたちの教えは非常にシンプルだった。それは、「高い報酬を得たいなら、自分の成功なんて考えず、顧客の成功を追求しなさい」というものだ。彼らは、この教えを実践することで、高額の報酬を受け取っていた。

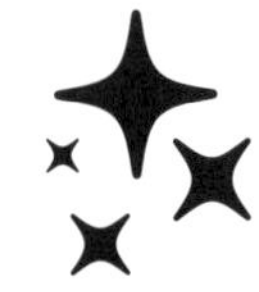

お金を払ってくれるのは唯一、顧客だけ

「いいか、よく聞きなさい。ビジネスで金を払ってくれるのは唯一、顧客だけだ。それ以外は、自分が金を払うんだぞ。自分のことばかり考えて、効率よくやろうとしてもダメだ。そんな考え方してるからどんどん安い人間になっていくんだ。」

この時に、「大丈夫。君には可能性があるし、いつか天職に出会って高い報酬を稼げるようになるよ！」などと励ましのメッセージでももらったら、勘違いして、自分探しの無限ループを今もさまよっていたかもしれない。

ストレートに言われたことで、逆にスッキリしたのを覚えている。「そうか、目の前のお客様の成功を考えて、自分にできることを提供していけばいいんだ」そう確信を得たのだ。考え方が変わったら、途端にいろんなアドバイスや儲かっている働き方を吸収できるようになった。

顧客は自分の成功（カスタマーサクセス）のためにお金を払う。あなたがどんな商品・サービスを扱っていたとしても、本質的に売っているもの、お客様が買っているものは、カスタマーサクセスなのだ。

カスタマーサクセスは、法人なら継続的な利益の実現。なぜなら、利益がなければ会社は存続できない。法人向けのあらゆる商品・サービスは突き詰めて考えると、継続的な利益につながっていく。個人向けのあらゆる商品・サービスは長期的な幸せの実現につながっていく。

先日、10億円するヨットのプロモーションムービーを見たのだが、売っているものはヨットではなく、家族の団欒だった。ふりかけのCMは、家族の幸せな朝食を売っているように見えた。裕福な人も、そうでない人も、幸せになりたくていろんなものにお金を払うのだ。

もしあなたのサクセスにお金を払ってくれる人がいるとしたら、それは両親や祖父母だけだ。僕の周りでも、親の遺産を受け継いだことで、自分の価値を分かち合うことをせずに生きてしまい、何年も、自分の人生を模索している人たちがいる。価値を与えずにお金を受け取ることがよいのか、難しいところだ。お金と時間の自由があっても満たされない人に出会ったときに、人の最上の喜びは、自分の価値を分かち合い、人に喜んでいただくことにあると思った。

なぜ過去に勤めた会社は30万円（年俸360万円）払ってくれたのか？

1億円プレイヤーたちの教えもあり、僕は働くことの原点に立ち返った。働くとは、傍を楽にすること。つまり、お客様を見ることにしたのだ。会社に勤めている時の最初の顧客は、会社である。

「なぜ過去に勤めた会社は月30万円、年360万円を僕に払ってくれたのか？」

以前の僕は、お金をもらうことばかり考えていて、なぜお金を払ってくれたのか？を深く考えていなかった。

会社としては、払っている以上稼いでもらわないと成り立たない。

僕は営業・マーケティングの仕事をしていたので、売上を伸ばすこと、集客の仕組みをつくることが会社の期待していることであり、カスタマーサクセスであることに気づいた。

そして、それを実現するための中核の要素は何なのか？ということを考え抜いた結果、自分が提供できる価値をパッケージ化することにしたのだ。

あなたの報酬＝単価×顧客数

あなたの報酬は、あなたという商品の単価と顧客数で決まる。1社、月30万円で勤めているなら、年間360万円。僕は、カスタマーサクセスを実現するワンストップの価値をパッケージ化し、単価と顧客数を増やすことにした。年間360万円なら3社と契約するだけで、年間1000万円を超える。

昔の僕は、時給900円で、1つの会社から報酬を受け取っていた。

今の僕は、360万円、120万円といった価格帯で自分を商品化しており、全国にお客様がいる。先日はアメリカのシアトル在住の日本人もご契約されたので、全世界にお客様が広がっているのだ。

僕の次なる課題は「言語」による商圏の拡大だ。

ビジネスのオンライン化で、場所の制約はなくなったが、言語の壁はある。**僕のまわりの1億円プレイヤーたちは、英語圏、中国語圏への市場拡大を進めている。**彼らが1人で10億円プレイヤーになる日も近い。

こういった最高値思考を持っているか、持っていないか、であなたの報酬は何倍もの差になっていく。

お金は川の流れのようなもの、太く、長く、多くする

川の流れが1つで、細く、短い **最安値で売る人**

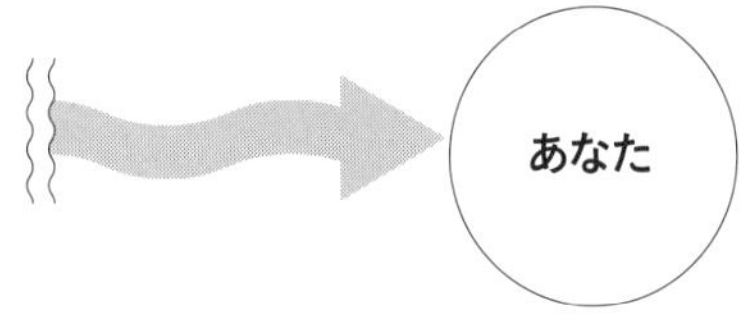

川の流れが複数で、太く、長い **最高値で売る人**

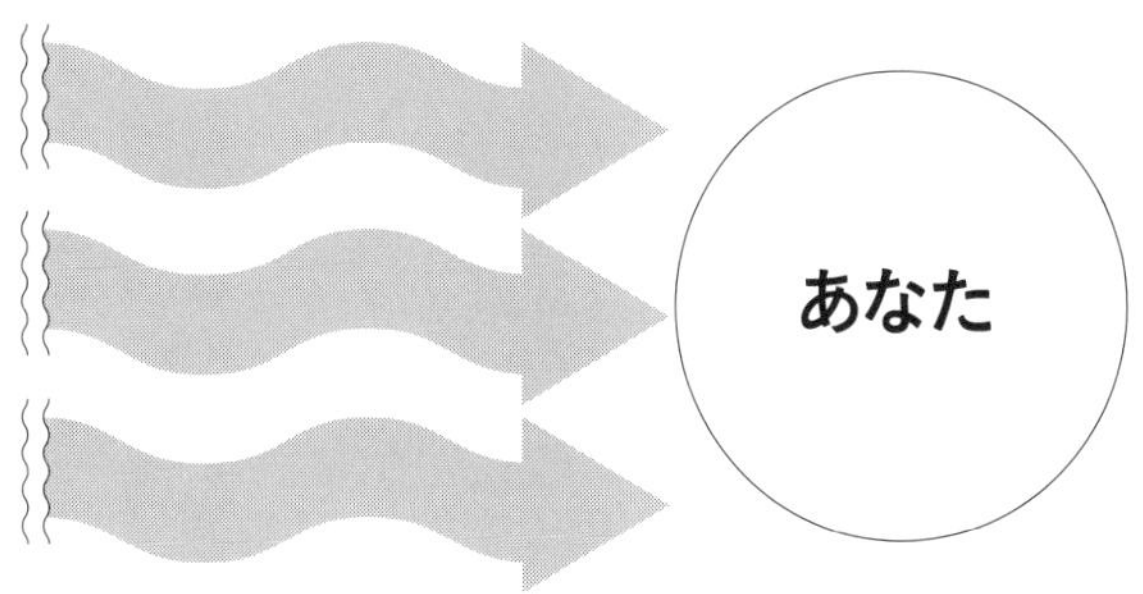

太く：単価を上げる
長く：長期継続する
多く：顧客を増やす

企業も第2の収益事業として教育型ビジネスを始めている

なぜ120万円、360万円という高額のフィーを僕に払う顧客がたくさんいるかというと、みんな教育型ビジネスを構築したいからだ。払った金額の何倍にもなるとよくわかっているので、どんどん投資するわけである。

様々な企業が、第2の収益事業として、教育型ビジネスを始めている。例えば、僕のクライアントさんでも、写真館が写真のスクール事業、ネイルサロンがネイルスクール、営業会社が営業研修事業、WEB制作会社がデザインスクール、などいろんなジャンルで教育型ビジネスを始めている。

教育型ビジネスの醍醐味は、カスタマーサクセスを提案し、お客様に結果にコミットしてもらう、という点にある。これはものすごく重要なこと。結果にコミットしたほうが高値で売れるわけだが、代行していたら時間がなくなってしまう。

例えば、家庭教師の先生が顧客の代わりに受験を受ける、みたいなことはしない。あくまで試験を受けるのは顧客で、合否の責任も顧客にあるわけだ。そして、教育型ビジネスには原価がほとんどない。原価は、あなたのノウハウ・スキル。それを顧客が用いて、カスタマーサクセスが叶えられる分だけ高値で売れるわけだ。

あれこれいろんなことをやるより、「この結果を出す！」と心に定め、短期間で達成する。

短期間で、大きな結果が出せれば、それは人がお金を払っても学びたい価値になる。営業・マーケティング・語学・ダイエット、なんでもいい！　どれか1つで一点突破し、結果を出そう。

カスタマーサクセスを実現する、自分の価値をパッケージ化

僕にとって経験があるのは教育業界だったので、教育業界に特化した、社外CMO（最高マーケティング責任者）と自分の商品コンセプトをつくり、2つの結果にコミットした。それが、「集客の仕組みづくり」と「社内マーケター育成」である。どの立場で、何にコミットしているかが報酬を決めるので、このように設定したのだ。

一般的な会社員やフリーランスは、働く時間や代行する業務にコミットしている。だから安いのだ。クライアントである経営者は、「未経験の社員を1人雇うより先に、小林さんに依頼して、誰でも売れる仕組みをつくったほうがいい」と納得し、360万円の報酬を払っていただいた。

僕は時間ではなく、カスタマーサクセス、という価値を売っているので、定期的な出社はもちろん、作業代行も一切しない。その代わり、現場のスタッフの人たちが実務をやることで、「集客の仕組みづくり」と「社内マーケター育成」を同時に実現したのだ。その結果、経営者としては、360万円でも安い、と納得していただいているわけだ。これは、僕のケースだが、あなたの専門性で同様のことが可能だ。

このようにして、自分という商品パッケージをつくり上げて、身近な経営者に案内をしたところ、わずか1ヶ月でパタパタと契約が決まり、7社から年間360万円ずついただくことになった。日雇いバイトを複数こなし、月20万円も稼げなかった僕が、1ヶ月後には、平日の午前中だけ稼働して、月30万円×7社＝月210万円の報酬を得ることに成功したのだ。もう少しだけ事実をお伝えすると、1社だけ実務で入り、6社は手を動かさない、というスタイルにした。実務をやらないといずれ空理空論になってしまうと考えたからだ。

僕は社外ＣＭＯ（最高マーケティング責任者）として、見込み客である社長にこのような話をした。

小　林「今年どんな目標を叶えたいですか？」

社長Ａ「自分が出社せず、１年間で売上２億円から４億円に伸ばしたい。私が現場にいるとこれ以上大きくならない。」

小　林「この数年、売上が横ばいとのことですから、これまでと同じことをなさっても難しいですよね。実は、社長が現場に出ずに、スタッフが稼ぐ仕組みを構築できるプログラムがあります。３６０万円ですが、それで目標達成できるなら費用対効果がいいと思いませんか？」

社長Ａ「それが本当なら投資する価値がありますね。詳しく聞かせてください。」

だいぶコンパクトな会話にしているが、流れはこんな感じである。

自分の価値をアップデートし、単価と顧客数を伸ばす

このように働き方を変えて、カスタマーサクセスを追求しながら、自分の価値をアップデートしていった。２０１８年時点で、僕という商品の販売で、1億円の粗利がある。１２０万円の僕の講座に52人、３６０万円のコンサルティングに12社。僕は一人でこれだけ稼いでいるんだ、と言いたいわけではない。目の前のお客様のカスタマーサクセスを追求し、価値提供し続けていくことで、雪だるま式に報酬を増やすことができる、ということを実体験を持ってお伝えしたいのだ。

僕は自分が実践して結果の出たことしか本書に書いていない。最安値を更新し続けた僕も、考え方と適切な戦略を実行したことで、これだけ変わることができた。だから、本書の戦略を実行すれば、あなたも最高値で自分を売ることができる。

お金を使って、自分にしかできないことに集中

僕の提案する働き方は、あなたにしかできないことで、カスタマーサクセスを追求する、というものだ。

あなた以外の人もできることなら、相対的に価格が下がる。どこでも売っているシャンプーなら、安いドラッグストアで買いたいのと同じだ。

自分を高値で売った報酬を使って、自分にしかできないこと以外は、どんどんアウトソーシングしている。日常的なことで言えば、家事代行、タクシーなど。気分転換に掃除することはあるが、基本的には家事代行にお任せしている。

1時間の家事代行が3000円だとして、時間あたり3000円以上生み出せるなら外注したほうがいい。電車の人混みでエネルギーを浪費するくらいなら、タクシーでコンディションを整えたほうがいい。

自分の労働生産性が高まれば、こういった選択肢が持てる。お金を使って時間を得る、という決断が速やかにできるはずだ。

専門分野の掛け算で、独自の価値をつくる

知識社会は知識が価値を失う、つまり知識は無料化する時代である。実際、インターネットで様々な知識や情報が無料で手に入る。しかし、知識武装はすべきだ。そもそも知識がないと人に相談されないし、具体的な会話ができないので、仕事にならない。知識武装は、プロフェッショナルの第一歩。

最近は、会社に勤めながら、ブログ運営、オンラインサロン主宰などで、学びたい人を集めて、マネタイズしている人が増えている。無料で知識を分かち合い、自分という商品の集客・販売に活用できる。

ただし、自分を最高値で売るには、知識武装だけでは半分だ。知識を使って結果を出す、つまりカスタマーサクセスを実現する、ということができて初めて、あなたという商品を高値で買ってもらうことができる。

第4章で詳しく扱っているが、複数の専門分野を定めて知識武装していく。知識武装といっても、好奇心のおもむくままに調べていくことで、気づいたら複数の分野の専門家になっている、というイメージだ。僕がボディメイクのＲＩＺＡＰに入会したり、インドのメディテーションを学びに行ったのも、それ自体が楽しいこともあるが、そこで得た知恵が、自分の独自の価値につながっている。

例えば僕は、ダイエット、会計、マーケティングの知恵を学び、実際に結果を出しているので、３つの視点から数値管理や目標達成を語ることができる。３つとも、重要な指標を定めて、数字を減らしたり、増やしたりすればよいわけだ。意外なものの組み合わせが独自性をつくる。

知識武装し、その知識を使って結果を出していくと、人がお金を払いたいと思う人間に進化していく。僕自身、時給９００円の時は何の専門性も発揮していなかったわけだが、現在は、何十人もの人や会社が、１２０万円、３６０万円という高額を払っても学びたい、と思っていただけるビジネスパーソンに成長できた。

自分資産だけは盗まれない

仮想通貨の流出事件があった時、僕は顧客向けに1通のメールを送った。内容は、「盗まれない資産に投資しましょう。それはあなた自身です。」というもの。

盗まれてなくなるようなものだけに、人生を預けるのはリスクだ。あなたが仕事と人生で掴み取ったスキルは誰も奪えないし、今所属している会社のものでもない。

自分のノウハウやスキルをアップデートし、高値で売れるパッケージにして、売るのだ。あなたから学びたい、という人がどんどん集まってくる。

お互いに真剣勝負の関わりになるので、趣味で出会う友人以上に、深い友情が芽生えることがある。いい意味で、プライベートと仕事の境目がない仲間が増えてくる。もはや遊んでいるのか、仕事をしているのかわからない状態だ。

あなたから学びたい人、あなたのコミュニティに所属したい人が、何十人、何百人、と増えていく世界を想像してみてほしい。

3ケ月あれば、あなたも専門家になれる

ここまで読んだあなたは、たしかに本業×教育型ビジネスで月100万円は可能性があるな、と思われたかもしれない。一方で、「私には、人に教えるだけの専門性がない……」と感じているかもしれない。大丈夫である。なぜなら、短期間で専門家になる方法というのは存在するからだ。

僕の専門家の定義はこうだ。

知識を使って、クライアントに結果（カスタマーサクセス）を出させる人だ。

営業の専門家なら、実際にクライアントを売れるようにすること。お金の専門家なら、実際にクライアントが収入や資産を増やせるようになることだ。

つまり、

●体系的な専門知識

●クライアントに結果を出させるスキル

この2つを3ヶ月でマスターすればよい。

ダイエットの専門家なら、痩せるための体系的な知識と、クライアントを痩せさせるスキルを身につければいい。あなたはどんな専門家になれるだろうか？

「自分には人に教えるだけの専門性がない……」

「人に教えた経験も、マネジメントの経験もない……」

そう思ったかもしれない。でも大丈夫だ。僕は人材育成の内製化コンサルティングで、ゼロから3ヶ月で一人前の専門家になるための社内プログラムを複数作ってきた。営業の専門家、マーケティングの専門家、英語の専門家になるためのプログラム開発を指導してきた。

体系的な知識が学べるカリキュラムというのは、すでに世の中にある専門知識の編集作業だし、結果を出させるスキルというのは、ビジネス・語学・ダイエット、すべて共通している。いわゆるＰＤＣＡサイクルだ。

人は、カスタマーサクセスが得られるなら高額をあなたに払う。個人なら30〜120万円、法人なら240〜600万円のパッケージが基本だ。

誰でも最速で専門家・プロフェッショナルになり、数件のクライアントを本業とは別に獲得することで、ゼロから3ヶ月で月100万円は突破できる。本書を手にしたあなたは本当に運がいい！　僕のように遠回りや失敗せずに、最速で自分を最高値で売れるようになるのだから。

コンプレックスの克服が、あなたの独自コンテンツになる

天才よりも、試行錯誤して結果を出した人の方が、先生として長期間活躍できる。

コンプレックスに向き合い、克服することで独自コンテンツをつくり上げよう。人気スクールの先生たちの話を聞いていると、多くの人がコンプレックスの克服を通じて、独自コンテンツをつくり上げている。

コンプレックスの克服にもリーダーシップは重要だ。コンプレックスを克服した人は、自分に対してリーダーシップを取り続けてきたと言える。

例えば、勉強ができないというコンプレックスに対して、「自分はできなくてもいいや」と考える人は先生になることはない。逆に、「勉強は得意ではないけど、どうやったらできるようになるのか」と考え人一倍努力して、試行錯誤して、独自の成功法則を掴み取った人は、非常に教え方がうまく人気の先生になるケースが多くある。

元々はできなかった人の方が、人に教えられる独自コンテンツを持っているのだ。それを世の中に伝えていくということ自体が、人や社会に対するリーダーシップでもあると考えている。

僕がコンサルティングで関わった英語塾の代表は、新卒で入った外資系金融機関で、英語力のなさに打ちのめされ、独自の勉強法で英語をマスターされた。この方のように、自身のコンプレックスと向き合い、克服した人だからこそ、顧客の「できない！」「自分には才能がない！」というネガティブな気持ちに寄り添い、誰でも成功できるカリキュラムを開発することができるのだ。

【人間は、自分が学びたいと思っていることを、人に教えるのではないでしょうか】

ジェラルド・G・ジャンポルスキー

あなたは何を学びたいと思い、実際に学んできただろうか？

語学、お稽古事、スポーツ、ビジネス、人間関係など世の中にはたくさんの学ぶテーマがある。誰もが教える前は学習者だ。一生学習者とも言える。「生徒」として学び、成長してきた経験を活かして、「先生」として人に教えるステージに移行されている。そして、活躍している方ほど、「先生」になってからも学び続けている。

ここで押さえておきたいのが、マズローの欲求段階説にある、「低次の欲求から満たされる」という話だ。

下から、生理的欲求、安全の欲求、所属と愛の欲求、承認の欲求、自己実現の欲求。僕の商売の実感として、高次の欲求ほど、高値で売れる。

例えば、食欲を満たすなら、吉野家なら380円で満たされる。でも、キャリアアップ、自己実現のためのビジネススクールに、人は100万円以上のお金を払う。あなたを最高値で売るには、顧客の高次の欲求を捉えた価値をつくり込む必要がある。

カスタマーサクセスを追求しながら、顧客と一緒に成長していく

専門家といっても一生、学習者でもある。学習と成長に終わりはない。だから、お客さんと一緒に成長していけばいいのだ。重要なことは、学び続けることと、知の編集力である。

あなたは、自己啓発本のレジェンド、ナポレオン・ヒル博士を知っているだろうか？世界的ベストセラーの自己啓発本である『思考は現実化する』の著者であり、当時数百万円したと言われる高額プログラム『ナポレオン・ヒル・プログラム』の開発者である。

ここで質問をしたいのだが、ナポレオン・ヒル博士は、お金持ちになったから本を書き、プログラムをつくれたのだろうか？ 僕が聞いた情報によると、違うのだ。ナポレオン・ヒル博士は駆け出しの新聞記者時代に、鉄鋼王アンドリュー・カーネギーと出会い、成功者へのインタビューを通じて、成功の秘訣をまとめた。インタビューした成功の秘訣を本にまとめ、プログラムをつくって、たくさんの人に売れたから、お金持ちになったのだ。

『自分に売れる価値がなくても、世の中の知識・情報を編集すれば、プログラムは作れる』

このことを証明するロールモデルがナポレオン・ヒル博士である。ナポレオン・ヒル博士だけでなく、私の周りのベストセラー作家や講師もこの方法で活躍している。あなたの能力やスキルも大切だが、ナポレオン・ヒル博士のように「編集する力」も大切である。

他人が創ったものではなく、自分らしい世界を創る

僕たちは、親の躾(しつけ)や学校の道徳教育で様々な考え方を教わった。

僕の場合は、「長時間働く人ほど偉い」「お金の話はしてはいけない」といった教えがあった。

20世紀以前に正しかった考え方が、21世紀の今も正しいとは限らない。また、教えてくれた人のようになりたいか、というのもひとつのポイントだ。考え方がその人の人生を創っているのだから。

家族、会社、サークル、地域、国、というのはそれぞれコミュニティであり、コミュニティごとにルールや考え方がある。それが自分とあっていれば心地よいと感じるし、合わない部分を埋められなければ、窮屈な感じが出てくる。そのような感情が出てきたら、あなたのルールや価値観をベースとした世界をつくるタイミングだ。

ここでいう世界とは、コミュニティのことである。教育型ビジネスの魅力のひとつは、コミュニティをつくりやすいところ。

例えば、レストランでは隣の席の人と話すことは少ないと思うが、料理教室なら、隣の人と友達になりやすいだろう。あなたが好きなテーマを一緒に学び合う顧客が集まり、コミュニティができていくのだ。

9人の実践者から学ぶ ⑥

教育コンサルティング会社
(株)アクティビスタ
代表取締役　河合克仁氏

河合氏は教育コンサルティング会社の代表をされている経営者で、創業1年目から順調に売上を伸ばしていた。研修事業の他、海外のビジネスツアーを主催し、全国に経営者の顧客を開拓していた。売上の原動力となったのは、河合氏の圧倒的な営業力だった。営業といってもゴリゴリ押すスタイルとは異なり、売らずに売れる、やわらかいスタイル。とにかく出会う人すべてが河合氏のファンになってしまうのだ。もちろん僕もその一人。気づいたら、河合さんのオススメするサービスは購入しているし、大切な友人やお客様を紹介している。そして、紹介したお客さんも河合さんのファンになってしまうのだ。

Column

河合氏は、「縁ある人たちに喜んでもらいたい！」という信念の元、様々な商品・サービスの営業代行もしており、どんな業種にも応用可能な営業力を磨いていた。ある時、河合氏のクライアントである経営者から、このような相談があったという。

「河合さんの営業ノウハウを、うちの社員にも教えていただけませんか？」

河合氏は、当時、営業教育はやっていなかったが、このような顧客ニーズがあったことから、自身の営業力を体系化し、独自の営業教育プログラムを開発。僕はプログラム開発をサポートさせていただいた。驚いたのは、プログラムの開発途中から「それ面白い！」と複数の経営者が興味を持ち、3ヶ月で5社からそれぞれ数百万の契約を受注。まさかのプログラムが完成する前から売れてしまった。さすがの営業力である。

現在は、新卒採用にも力を入れており、社内の人材育成と、社外のコンサルティングを同時並行で進めている。ビジネスにおいて売る力、営業力は顧客価値が高い。今後、売ることに悩んでいる個人や企業の支援を強化していくはずだ。

河合氏のように、教育プログラムを開発すると、社内の人材育成と、社外のコンサルティングを同時並行で展開することができる。あなたが経営者なら、社内の人材育成ノウハウを、社外に販売することを検討してみよう。

▼河合克仁氏のホームページはこちら
http://activista.co.jp/

Column

9人の実践者から学ぶ ⑦

メディアマーケティング会社
Secret Gift（株）
代表取締役　**田中悠太**氏

メディアマーケティング会社を代表されている田中氏は、WEBメディアで広告収入を得るビジネスモデルを構築していた。田中氏の強みは、WEBコンテンツを充実させ、ファンをつくる、という点にあった。その結果、若くして、自動的に広告収入が入るビジネスを成功させたのだ。一方で、自動的にお金が入るだけでは満足せず、自分の才能を活かして社会に貢献できる事業を模索していた。

田中氏は、自分と向き合い、本当にやりたいことを探った。彼は人の才能を開花させ、成長に関わることに情熱が湧く、ということを確信し、教育型ビジネスの構築に乗り出した。そのタイミングで僕にコンサルティングの依頼が入ったのだ。田中氏のWEBメディアで培ったノウハウを体系化し、全12回の「WEBファン集客プログラム」を開発。

プログラム開発後、身近な人に声をかけただけで、3ヶ月で1100万円の受注に成功。WEBでファンを作って自動集客したい個人と会社と契約し、現在はクライアント指導に情熱を傾けている。田中氏は、自分で制作代行するのではなく、クライアントに教えて、結果を出してもらう講座型スタイルなので、顧客数が増えても忙しくならず、安定的に売上を伸ばしている。現在、年間1億円の事業づくりにコミットして、一緒にプログラム開発を進めている。

田中氏のように、「人の成長に関わりたい！」という想いで、教育型ビジネスに挑戦する人は増えるだろう。人の成長に関わる、というのは多くの人に共通する欲求だからだ。本書の内容を実践すれば、あなたも田中氏のように短期間で活躍することが可能だ。

▼田中悠太氏のホームページはこちら

http://secretgift.jp

第4章

ゼロから3ヶ月で月100万円稼ぐ6つのステップ

今から、ゼロから3ヶ月で月100万円稼ぐ6つのステップをお伝えする。ぜひメモを取りながら読み進めてほしい。

この内容は、あなたが「継続的な利益（収入）」と「継続的な幸福」を、自らの力で手に入れられるようになる実践メソッドだ。

あなたという商品を「教育化」することで、本業×教育型ビジネスで月100万円を突破していく。それでは早速始めよう。

STEP 1	３ヶ月以内に月100万円稼ぐと決める
STEP 2	あなたの本当の価値を見つける
STEP 3	圧倒的に売れるカスタマーサクセス・コンセプトを作る
STEP 4	自分を高額商品にする
STEP 5	高確率で自分商品を売る
STEP 6	毎月100万円以上稼ぐ、長期継続の仕組みを作る

３ヶ月で月100万円稼げる自分になる

STEP 1

3ヶ月以内に月100万円稼ぐと決める

一番重要なことは、決断することだ。これまで数百人のビジネスをサポートしてきて確信していることは、決断しなければ、決して実現しない、ということだ。「3ヶ月以内に月100万円稼ぐ」と決めた瞬間にすべてが動きだす。

やり方はわからなくてよい。ただ、何があっても達成する、そう決断することが重要だ。決断すれば自分の目標に素直になれる。新しい方法を取り入れられる。

しかし、決断しなければ、いろんな言い訳を考えて、やらなくてすむように自分をコントロールしてしまう。そうやって才能や能力はあるのに、達成できない人をたくさん見てきた。

「どうすれば、決断できるのか？」

やり方なんてない、ただ心に深く定めるだけでいい。ただ、決断というのは、決めて、断つ、と書く。今の安売り人生をバッサリと捨てよう。

現状の収入も一切関係ない。実際、僕は時給900円の日雇いバイト時代に、「3ヶ月以内に月100万円稼ぐ」と決断し、達成することができた。当時は、やり方が体系化されておらず、試行錯誤の末に達成できた。あなたは僕のような回り道をする必要はない。

この6つのステップ通りに進めるだけでいいのだ。この6つのステップは自動車教習所に似ている。指導の通りに実践すれば、誰でも運転免許が取得できるように、誰でも月100万円を達成できる。

結局、人の生き方は2通りしかない。自分で決める人生か、人に決められる人生か。その2つしかない。自分の人生は自分でつくる。そう決断したら、あなたの才能が開花し始める。さぁ、深呼吸して、「3ヶ月以内に月100万円稼ぐ」と決めよう。

お客さんからお金をいただくには、結局、カスタマーサクセス（顧客の成功）を提供する必要がある。お客さんへの貢献と自分の目的のバランスが取れれば、どんな理由だっていい。

お金を理由に諦めたり、先延ばししていることはないか、自分に問いかけてみよう。純粋に、人や社会に貢献したくて収入が伸びていく人もいる。ただ、現時点であなたがそのようになっていないなら、お金が必要な強い動機を自分の中に育てよう。

それから、3ヶ月という期間には理由がある。月100万円というのは正直、難しい目標ではない。自分を高額商品化して数件の契約を結べば達成できる。

3ヶ月で達成できないなら、一生できないくらいに思った方がいい。経験則でしかないが、人が自分をコントロールして、1つの物事を達成するためにエネルギーを注ぎ続けられるのは長くても3ヶ月だと思う。まずはこの3ヶ月で、全くゼロの状態から月100万円稼ぐことにコミットしよう。

決断の最良の時はいつだろう？

そう、今、この瞬間だ。なぜなら、あなたの人生は、あなたの選択の連続だからだ。

ここまで本書を読んでいる本気のあなたなら、できる。

STEP 2

あなたの本当の価値を見つける

人はありのままで素晴らしいし、等しく価値がある、と思う。しかし、経済価値は全くの別物だ。経済価値がなければ、誰もあなたにお金を払ってくれない。あなたも欲しくないものにお金を払わないだろう。実際、僕が起業した時、人がお金を払いたくなる経済価値がなかった。ビジネスの世界は、経済価値のある人にお金が流れていく。価値が高ければ、1億円プレイヤーにもなれるし、価値が低ければ、0円プレイヤーだ。

では、どうしたら人がお金を払いたくなる価値が見つかるか？しかも最高値を払っていただけるようになるには、どうしたらいいのか？ 今からその話をしていく。

その前に、普通の人は自分の価値に気づきにくい。僕は2つの理由からそう考えている。

●自分の価値に気づきにくい理由①

一つ目は自然にできることなので、価値があると思えないということだ。エグゼクティブ英語コーチのマヤさんという方がいる。マヤさんは、アメリカ人の父親と日本人の母親に生まれ、育ち、日米の文化がわかるバイリンガルである。彼女にとって、日米の文化がわかること、バイリンガルであること、ビジネス通訳ができること、はごく自然のことだし、周りにバイリンガルも多いので、それに価値があるとは気づいていなかった。

しかし、海外出張するビジネスパーソンにとって、彼女が持つ英語力や日米の文化的な理解は、お金を払ってでも学びたい価値があった。彼女は、アメリカ人の父親と日本人の母親をつなぐコミュニケーターとして小さい頃から自分の価値を磨いてきていた。文化的な違いから両親が喧嘩してしまったとき、心を砕きながら仲裁に入っていたという。

そのことに気づいた時に、彼女は、自分の人生を全て肯定でき、経済価値に気づくことができたのだ。自分の価値は、自然にできることなので、自分では「こんなの当たり前でしょ？」と気づきにくい。

●自分の価値に気づきにくい理由②

独自の価値は人と違うことなので、日本人は苦手なのだ。あなたが小学生の時、何色のランドセルを持っていただろうか？

僕は一般的な市立の小学校を卒業した。当時、僕が通った小学校で、ピンク色のランドセルを背負った転校生がやってきたら、ほぼ間違いなくいじめられたり、仲間はずれにされたと思う。人と同じことがいいことだ、人と違うことをすると叩かれる、という教育を受けてきた子供達にとって、自分たちと違うものを受け入れられないのだ。

そういった教育で育った大人で溢れた今の日本はどうだろう。人と違うことをしたり、言ったりするだけで、平気で人を叩く。もともと暴力性がなさそうな人も変貌してしまう。今後そういった人がいたら、平均値からはみ出さない自分を正当化しているんだな、と思ってスルーしてあげよう。人は自分の信じる価値観で生きている。平均値で生きる価値観と、独自の価値を尖らせて生きる僕たちの価値観はそもそも違う。相手を変えようとしたら、宗教戦争のように暴力性が引き出されてしまう。いろんな価値観があっていいわけだ。

そして、そういったノイズはスルーして大丈夫な理由が他にもある。平均値の人間に、独自の価値を尖らせようとしているあなたを止める力は実際はないからだ。あなたが止まるとしたら、その言葉を聞いて、あなた自身が自分を止める時だけだ。

当時、男の子は黒のランドセル、女の子は赤のランドセルだった。ジャージも髪型も何もかも指定されていた。個性を潰し、平均値の学生を育てるわけだ。ここで視点を変えて、子供達がランドセルを販売していたとしよう。同じ形、同じ色のランドセルを売っていたら、どうだろう？ お客さんは安く売っている生徒から買うだろう。

一方で、どうしてもピンク色のランドセルが欲しいお客さんがいたらどうだろうか。値段が高くても、その生徒しか持っていなければ、買ってくれるかもしれない。日本人は、没個性の教育を受けてきたために、人と違うことが苦手である。

しかし、価値が高まるのは、人と違うことで、お客さんに価値を与える活動だ。安く雇える従順な労働者でよければ、人と同じことをしよう。**最高値で売りたいなら、独自の経済価値を尖らせていこう。**

さて、自分の価値に気づきにくい理由を踏まえて、今からあなた独自の価値を見つけていく。数百人の独自の価値を見つける支援をしてきた経験から言うと、今から紹介する4つの視点で見つけていくのが効果的だ。4つの視点とは、「自分」「顧客」「競合」「時代」の4つだ。

いよいよ、STEP3で、あなたの独自の価値を見つけていく。

あなた独自の価値を見つける4つの視点

STEP 3

圧倒的に売れるカスタマーサクセス・コンセプトを作る

月１００万円突破できるかどうかは、コンセプトで決まる。コンセプトがよければ、ポーンと１００万円を超えるし、コンセプトが悪ければ、どんなに頑張っても難しい。それくらいコンセプトは重要だ。

僕のお客さんにはカスタマーサクセス・コンセプト、というものをつくっていただいている。

あなたという商品のテーマが、語学・ビジネス・健康だとしても、本質的に売っているものはカスタマーサクセスだ。顧客が高額を払ってでも実現したいカスタマーサクセスが提案できれば、あなたは最高値で売れる。

一方で、顧客不在の奇抜なコンセプトは煮ても、焼いても売れない。それは単なる趣味だ。

カスタマーサクセスは、突き詰めるとこうなる。

法人なら、継続的な利益の実現で、個人なら、継続的な幸福の実現だ。企業はゴーイングコンサーンというように、継続していく必要がある。継続的な利益がなくなれば、働く人に給料が払えず、テナント料も払えず、存続できない。ということは、企業向けに提供されるあらゆる商品サービスは、最終的に、継続的利益の実現に帰結する。

逆にそれにつながっていないものは、そもそも売れないか、安値で終わってしまう。例えば、経営理念というものを作成するプログラムをつくったとしよう。ただ言葉をつくって額に飾ったり、名刺サイズのカードをつくるだけでは、それで取引は終わってしまう。それを使って、継続的利益を生み出す何かを提供し続ければ、最高値で売れ、継続してくれるだろう。

一方で、個人のカスタマーサクセスは、突き詰めると幸福だ。

保険商品やホームセキュリティサービスは、継続的な幸福を売っているとも考えられる。もしもの時に保険でお金が降りたり、もしもの時にセキュリティが守ってくれたりするからだ。そして、継続的な利益の追求、継続的な幸福の追求に終わりはない。終わりはないのだ。法人と個人が生きている限り、永遠に続く。

あなたという商品コンセプトを、この2つのカスタマーサクセスにつながっていくものにできたら、ずっと高額のお金を払っていただけるビジネスをつくることも可能だ。

実際、商品がまだ出来上がっていないのに、コンセプトだけで契約が決まって、3ヶ月以内に、1000万円以上の受注を獲得している人たちが何人もいる。カスタマーサクセス・コンセプトが完成すれば、100万円は一瞬だ。STEP2の4つの視点を元に、圧倒的に売れるカスタマーサクセス・コンセプトをつくるワークをやっていこう。

コンセプトは、聞いた人が「それいくら？　どうやって買うの？」と前のめりになるものでなければならない。聞いた人が「それいいね！」くらいの反応になるコンセプトだと売れない。

カスタマーサクセス・コンセプト（記入例）

・顧客は誰？

短期間で痩せたい人

・カスタマーサクセスは？

人前で堂々と脱げるからだになりたい

・VIP顧客は、誰に、いくら払っているか？

ボディメイクに35万円＋プロテイン代　数万円／月

・顧客の不満、満たされない願望は

通うのが面倒・筋トレがつらい・リバウンドが怖い

・これから時代はどうなるか？

人生100年時代、「美しく健康でいたい」という欲求が高まる

・選ばれる理由は？（現状の能力は考えない）

通いなし、運動なし、プロテインなしでも、 ２ヶ月で美しく10kg痩せるし、リバウンドしない健康プログラムだから

コンセプトは、それいくら？と前のめりになるものでなければならない。聞いた人が「それいいね!」くらいだと売れない。

カスタマーサクセス・コンセプト

・顧客は誰？

・カスタマーサクセスは?

・VIP顧客は、誰に、いくら払っているか？

・顧客の不満、満たされない願望は

・これから時代はどうなるか？

・選ばれる理由は？（現状の能力は考えない）

コンセプトは、それいくら?と前のめりになるものでなければならない。聞いた人が「それいいね!」くらいだと売れない。

コンセプト・商品内容はマネされるが、ストーリーは真似できない

Apple から iPhone3G が発売されると、すぐに競合他社も真似して同じような商品を出してきた。ＲＩＺＡＰが「結果にコミット」するボディメイクプログラムを発売すると、同じようなコンセプトのサービスが出てきた。このように、革新的な商品サービスが市場に出ると、こぞって競合他社が真似をする。

松下電器（現パナソニック）はその昔「まねした電器」と同業他社から呼ばれていたそうだ。松下電器の得意な戦略が、他社のつくった製品を真似して類似の製品をつくり、それを圧倒的な販売網でシェアをとる、というものだったからだそうだ。

しかし、真似できないものがある。それがストーリーだ。

あなたがなぜこの商品をつくったのか？　あなたや顧客にどのような変化が起こったのか？　その人生ストーリーは他社は模倣できない。ＲＩＺＡＰのＣＭでおなじみ

のビフォーアフター映像も、他社は真似できない。

商品コンセプトとストーリーがバチっとハマると、一気に売れていく。一貫性が出るので、力強い説得力を持つからだ。そして、あなたのストーリーに共感する人が集まってくる。僕は今まで30以上のジャンルの教育型ビジネス構築に関わってきたが、一気に売れる、という現場を何度も見てきた。一方で、コンセプトが悪いと、いくら頑張っても売れなかった。早速、売れるコンセプトとストーリーを描こう。

カスタマーサクセス・ストーリー（記入例）

・あなたのビフォーアフターの話

「この夏こそ海に行く！」と何年も言い続けつつダイエット
できかったが、独自メソッドを開発し2ヶ月で10kg痩せることができ、
海デビューできた。
しかも、通いなし運動なしプロテインなしだから、
日常生活に変化がなく、
リバウンドの心配もないため10年以上健康で美しい体を
キープしている。

・お客さんのビフォーアフター話

このメソッドを教えたところ、老若男女問わず、
あらゆる人が2ヶ月で美しく痩せて、
リバウンドのない理想的な体作りができた。

・未来のお客さんに起こるサクセスストーリー

私自身もお客様も結果が出たメソッドなので、
あなたも一生太らない体づくりができる。

カスタマーサクセス・ストーリー

・あなたのビフォーアフターの話

・お客さんのビフォーアフター話

・未来のお客さんに起こるサクセスストーリー

STEP 4

自分を高額商品にする

いよいよコンセプトに基づいて、あなたを高額商品にしていく。

ゼロから3ヶ月で月100万円、年間1200万円稼ぐ最速ルートは、自分を高額商品にして売ることだ。自分を商品にすれば、原価がないので、売上＝粗利益である。

カスタマーサクセス・コンセプトに基づいて、あなたを高額商品にしていく。

法人向けなら、「継続的利益の実現」にコミットできるもの。

個人向けなら、「継続的幸福の実現」にコミットできるものだ。

まず、自分高額化の6大ルールをお伝えする。このルールから外れると、仕事が増えるほど、貧乏暇なし状態に突入する。そうなってから僕のところに相談に来る人たちが本当に多い。

頑張れば報われるわけじゃない。条件を押さえて、努力しよう。

自分高額化の6大条件

①カスタマーサクセスを実現するワンストップサービスをつくる

最高値で売る本質は、カスタマーサクセスを売ることだ。そして、カスタマーサクセスというのはばら売りでは叶えられないことが多い。例えば、ウェディングは、「人生最高の結婚式」というカスタマーサクセスを提供している。花だけ、食事だけ、写真だけ、ではカスタマーサクセスは実現できないので、ばら売りだと安くなる。あなたもワンストップサービスをつくることを考えてほしい。

②手足を動かさない（作業代行しない）、自分ではなく、顧客を動かす

あなたを高額商品化していくときに、手足を動かすサービスを入れないことだ。つまり業務の代行である。

「御社の代わりにホームページをつくります」「企画書を作成します」「データ入力します」といったものは一切やってはいけない。あなたの手足を動かすのではなく、顧客

の手足を動かすようにするのだ。例えば、

- ●売れるホームページを制作する↓売れるホームページのつくり方を教えて、完成してもらう
- ●売れる企画書を作成する↓企画書のつくり方、営業のやり方を教えて、売れる営業の仕組みをつくる
- ●データ入力↓アウトソーシングの活用方法を教えて、小さなチームで大きな利益を生む仕組みをつくる
- ●通訳する↓英語の習得方法を教えて、英語でプレゼンできるようになってもらう

といった具合だ。あなたが作業代行したら、その時点で時間がなくなる。時間がなくなると複数の顧客を持つことができなくなる。瞬間風速的に、月の報酬は、100万円、200万円に到達するだろうが、長続きしない。「もうこれ以上、仕事を受けたくない」という思考になり、その思考が現実化して、緩やかに仕事が減っていく。気づいたら主要な顧客が1、2社しかいない、という状況になってしまう。こういったフリーランスを多数見てきた。そうではなく、顧客数に上限のない商品設計に最初からすべきだ。魚を売るより、魚の釣り方を売った方がいい。

③高額×長期継続（1年先まで黒字化させる）

あなたの収入（利益）は、顧客との長期的な関係からもたらされる。高額だけでは半分で、長期継続する仕組みにしよう。例えば、1年契約なら、あなたの売上は1年先まで確定する。大切なことは、「1年先まで黒字化させる」という発想を持つことだ。都度課金では、未来の売上が確定しない。高額×長期継続の商品設計にするのだ。カスタマーサクセスを押さえていけば長期継続は難しくない。

なぜなら、法人は、長期的利益の実現を求めており、個人は、長期的幸福の実現を求めている。どちらも長期的なものを求めているのだから、あなたがそれを提供できる商品パッケージになれば、高額×長期継続が可能だ。僕が家族の医療費のため、毎月100万円の収入が必要になったとき、最初の1ヶ月で、1年先まで毎月210万円の入金が確定していた。そのおかげで、目の前のお客様のカスタマーサクセスにコミットできたし、落ち着いて病院に通うこともできた。最初から設計して、1年先まで、毎月100万円以上の収益が得られる仕組みをぱちっと作るのが賢い商品開発だ。

④お客さんがカスタマーサクセスにコミットする（自己責任）

「結果にコミット」これは重要なキーワードだ。知識情報社会は、知識・情報が価値を失う時代。つまり、知識・情報が無料化していく。物知りではお金を払ってもらえないのだ。知識・情報はタダでもアクセスできる時代になった中で、プロフェッショナルは一段進化する必要がある。それが「結果にコミット」である。ようは、どんな結果（カスタマーサクセス）をもたらせるのか？　それに対して報酬を受け取る時代になった。

ここでもう一つポイントがある。このポイントを押さえているかどうかで、あなたの働き方は180度変わる。収入もストレスレベルも大きく変わる。それが、「あなただけでなく、お客さんがカスタマーサクセスにコミットする（自己責任）」ということだ。

僕はボディメイクのライザップに通ってわかったことがある。「そうか、結果にコミットするのは僕なんだ（笑）」。考えてみれば当たり前のことだが、僕がコミットしない限り、どんな素晴らしいトレーナー、ジム施設も結果を出せない。そして、重要なのは僕がコミットすることで、僕の時間とエネルギーを使うことだ。トレーナーは極論、何もしなくても、僕が自宅で、適切なトレーニングと食事に励めば結果が出るわけだ。お客さんにコミットさせているから、一人のトレーナーが何十人もの顧客をサポートできるわけだ。トレーナーが僕の代わりに痩せることはできない。あなたが自分を高額商品にするときも同じことが言える。あなたがいくら結果（カスタマーサクセス）にコミットしたところで、代行しないのだから、お客さんが結果にコミットしない限り、大した結果は出ない。しかし、お客さんが結果にコミットしてくれれば、あなたがぼーっとしていても結果は出る。これからのプロフェッショナルの働き方として、非常に重要なポイントだ。

⑤オンラインを活用し、24時間365日、価値提供する

汗水垂らさず、賢く、24時間365日働こう。オンラインを活用すれば、それが可能になる。僕やクライアントたちは、24時間365日、自分たちの分身が顧客に価値提供している。顧客は僕のオンライン講座を見ながら学習し、わからないことはQ&A集で調べてくれる。毎日メルマガで顧客に役立つ情報も配信しているが、僕

がどこにいるかは重要ではない。カスタマーサクセスにコミットするためには、できるだけ顧客との接点を絶やしてはならない。しかし、あなたが労働していたら、いくら時間があっても足りない。オンラインを活用し、賢く、価値提供しよう。

⑥自ら結果を出して稼ぎ、結果の出し方を学びたい人に教えて稼ぐ

あらゆる仕事には賞味期限がある。今まで効果的だったやり方が通用しなくなる。ということはすべてのビジネスパーソンは、連続的に学び、自分という商品をアップデートしていく必要がある。結果を出せる人は、常に高値で自分を売れる。そして、結果の出す方法も常に高値で売れる。本業で結果を出して稼ぎ、結果の出し方を学びたい人に教えて稼ぐ、このダブルインカムのサイクルを回し続けることこそ、自分を最高値で売る秘訣である。

この6つの条件を押さえながら、自分を最高値で売る商品を今から設計していく。あなたという知的プロフェッショナル、専門家を高額商品として売り出していく。自分高額化プロジェクトだ。

自分高額商品化への3つの手順

それではいよいよ、自分を高額商品にする具体的なステップに入っていく。

ここからご紹介するのは、僕がカスタマーサクセス・フォーミュラ（顧客の成功を実現する方程式）として体系化したものだ。この手順どおりにやることで、60人以上の高額商品をつくることが、実際にできている。

手順1. 独自ブランドを確立し、4大領域を設定する

4つの専門分野を定めて、それぞれで1／100の専門性を磨けば、理論上掛け算で1億人に一人の逸材になれる。掛け算で独自のパッケージをつくろう。中心にカスタマーサクセスを書く。カスタマーサクセスを実現するための4つの専門分野を設定しよう。今十分に専門能力がある必要はない。これから磨いていけばよい。

●あなたが実現するカスタマーサクセスを設定する

売上2億円を10億円にする営業組織の仕組みをつくる、という方もいる。2ヶ月で話したい英語がペラペラになる、という方もいる。

●4つの専門分野を設定する

カスタマーサクセスを実現するために、必要となる4つの分野を設定しよう。ダイエットプログラムを例に挙げると、「通いなし、運動なし、プロテインなしでも、2ヶ月で美しく10kg瘦せる！リバウンドしない、健康な体をつくる」というカスタマーサクセスがある。それを実現するために必要となる4分野が、「メンタル」「食事」「睡眠」「自己管理」である。

独自ブランドを確立する4大領域の設定（例）

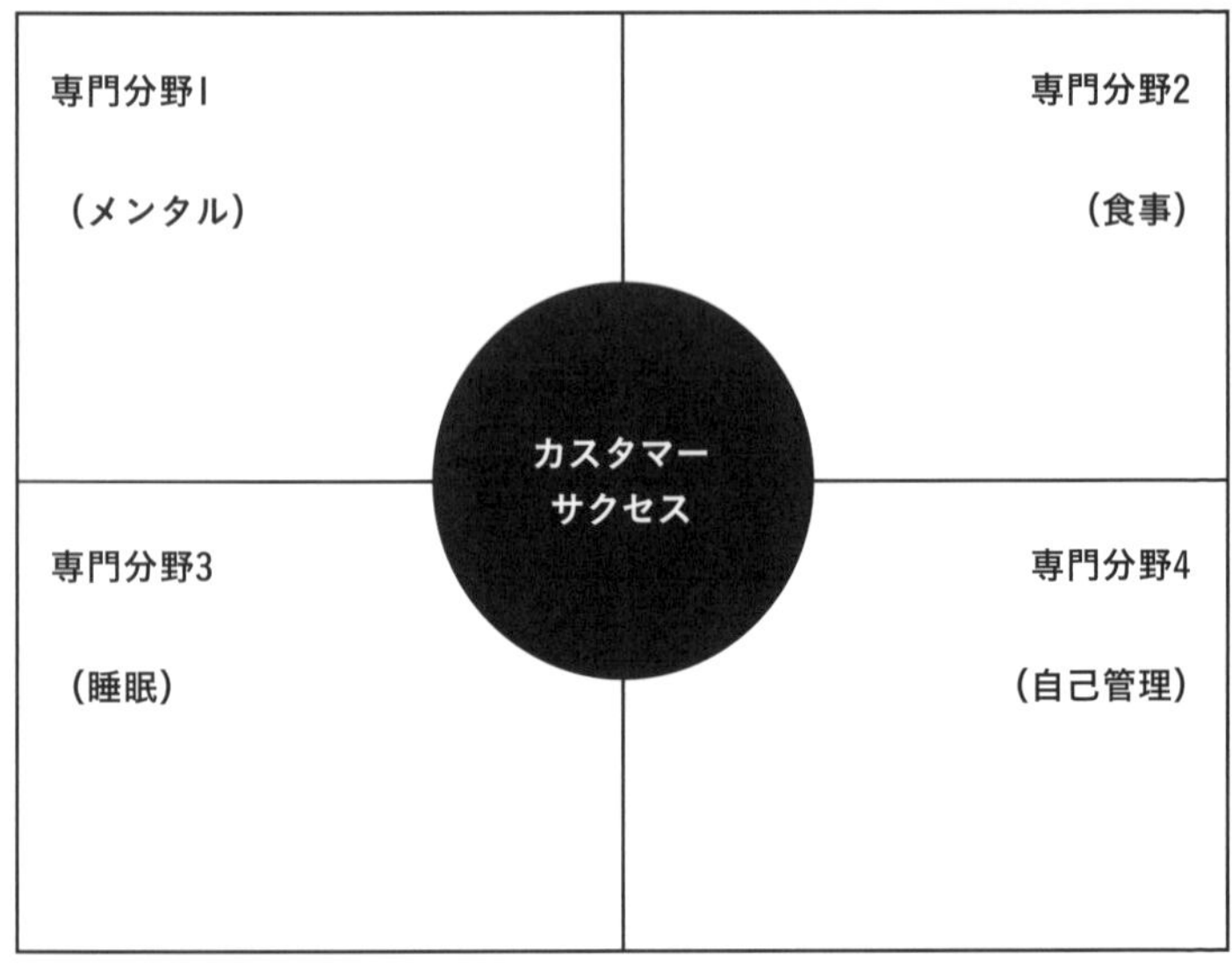

独自ブランドを確立する 4 大領域の設定

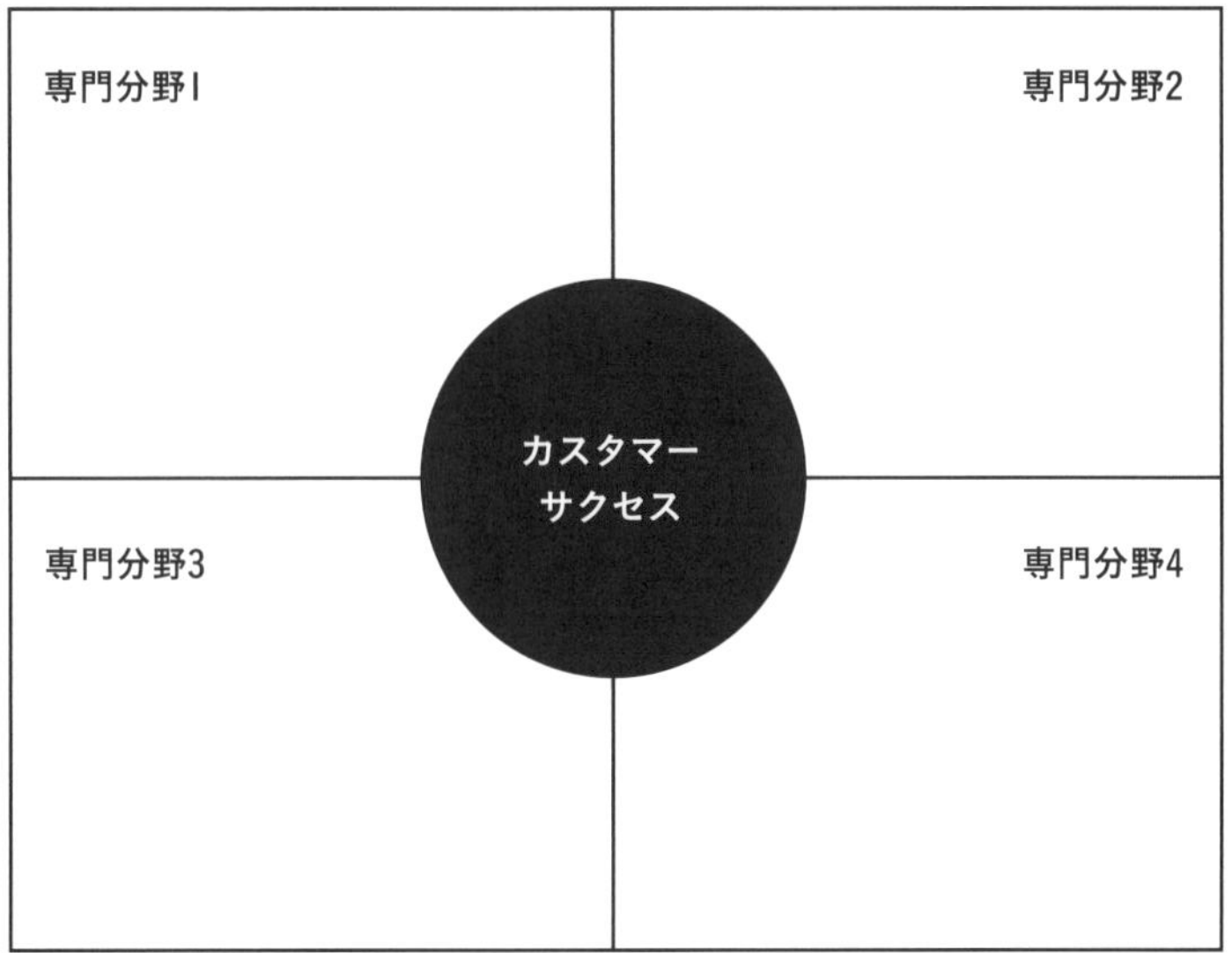

手順2．専門家を私淑（ししゅく）し、知恵を身につける

私淑とは、面識のない人を著作などを通じて師と仰ぎ、その言動を模範として学ぶこと。よくメンターに学ぼう、とあるが、現実的にメンターにしたいような人は忙しいので、手取り足取り教えてくれるようなことは難しい。そして、近づきすぎて上下関係がはっきりしてしまうとあなたの成長を止めてしまうことになりかねない。あなたが専門家として名乗ることにも遠慮が出るかもしれない。そして、成長し続けている人を私淑することをオススメする。成長することをやめると、現状維持ではなく退化が始まる。僕も自分の4つの専門分野に対して、1~2名の方を私淑している。当然、その方の本やWEBメディアは読み、模範として学んでいる。

●各分野の知識と経験を増やす

自分が教えるに至らないと思われる分野は、知識を学びながら実践を通じて、知恵を掴んでいこう。この4つの分野から世界を見渡すと、あらゆる出来事から学べるようになる。たとえば、飲食店などで接客を受けて心地いいと感じる時、これは集客に

役に立つな、と考えることができるようになる。あなたの専門領域を定めることで、日常の全てが学びになる。

●ノウハウをステップにまとめる

実践で身につけたノウハウを、生徒さんが迷わずに学べるようにステップにまとめる必要がある。そうしないと、生徒さんはどこから学んでいいのかわからずに、混乱してしまう。そこで、あなたのノウハウを体系的なステップにまとめよう。

僕自身、日刊音声メルマガを配信しているが、土日も休まず続けている。毎日インプットとアウトプットの習慣を取り入れて、知識武装を強化している。

●各分野の切り口から情報発信する

4つの分野から、カスタマーサクセスに役立つ専門的な情報を発信していく。その結果、専門家だと認識してもらい、生徒さんからの問い合わせもいただきやすくなる。情報発信することで、専門家として認識され、生徒やクライアントが集まってくるようになるのだ。まとめると、独自のコンテンツをつくるために、あなたが極めたい4つの分野を決めよう。各分野で100人に1人のレベルまで専門性を磨き上げれば、理論上、1／100×1／100×1／100×1／100＝1／1億となり、1億人に1人の逸材になることができる。そうすれば、業界ナンバー1になることができるはずだ。

●カリキュラムの入口と出口を設定する

そこで、あなた独自の教育カリキュラムをつくる。まずはカリキュラムの入口と出口を設定する。入り口というのは、顧客の悩みや課題である。出口は、カスタマーサクセス。つまり、あなたという商品を購入し、あなたの教えるとおりに行動していけば、カスタマーサクセスが実現できますよ、という商品をつくっていくのだ。これができれば、あなたは頭と口だけ使えば、高額商品が売れていく。そして、お客さんが結果を出し、喜んで継続、紹介してくれる。

続いて、カリキュラムの大見出しと成果指標を決める。入り口にいる顧客を出口のカスタマーサクセスにまで導くための具体的なカリキュラムだ。お客さんが結果にコミットできるように、そもそもの結果を明確に決めよう。

カリキュラムの入口と出口を設定

入口：顧客の悩み、課題
出口：CS（カスタマーサクセス）

出口

入口

3. カリキュラムの大見出しと成果指標を決める

つくる手順は、

① カスタマーサクセス

② それを実現するプロセスを評価するための成果指標（ＫＰＩ）

③ プロセスを実行するためのＴｏＤｏ

という3つのステップだ。

いきなりすごいプログラムをつくれなくてもよい。まずは自分が極めたい専門分野を決めて、学びながら、自分のための教科書をつくるような気持ちで取り組もう。

会社員として、業務委託として1社に勤めながら、商品パッケージをつくり、他社に売るというのは現実的だ。今給料をもらっている会社から月１００万円もらおうとしなくてもよい。

むしろ、仕入れの仕事だと思って、給料が安くても、感謝して結果を出す努力をすべきだ。なぜなら、その仕事の過程で培ったスキルや経験は、あなただけの資産になるからだ。それがあなたに大きな富をもたしてくれる。あなたが培った知恵は誰にも奪えない。仮想通貨の流出事件が会った時、僕は顧客向けに一通のメールを送った。

カリキュラムの大見出しと成果指標を決める

- 最大12回（1年間）にまとめる
- 指標は、成果がはっきりわかるものを設定する

1.　　　　　　　　　　指標

2.　　　　　　　　　　指標

3.　　　　　　　　　　指標

4.　　　　　　　　　　指標

5.　　　　　　　　　　指標

6.　　　　　　　　　　指標

7.　　　　　　　　　　指標

8.　　　　　　　　　　指標

9.　　　　　　　　　　指標

10.　　　　　　　　　　指標

11.　　　　　　　　　　指標

12.　　　　　　　　　　指標

「盗まれてなくなってしまうものだけに人生を預けるのはやめましょう。自分という世界で一つだけの商品にお金と時間を投資し、自分を打ち出の小槌へと育ててください。いくら資産を持っているかも大切ですが、いつでも月100万円以上生み出せる方が、よほど自由度が高いです。」

見出しができたら、学習効果の高いカリキュラムをつくろう。

●あなたの「経験」を「法則」に転換しよう

あなたに素晴らしい経験があっても、ご自身の「経験」をそのまま生徒に伝えるだけでは、能力の異なる生徒たちを成長させることは難しいはず。顧客の成長を促すカリキュラムは「法則」になっている。法則とは「いつ、どこでも、一定の条件のもとでは成立する関係」のことだ。例えば、テニススクールであれば、どんな生徒でもレッスンに一定期間通えば、テニスのラリーができるようになることが「法則化」されたカリキュラムだ。もちろん、生徒の運動神経によって上達に個人差はあるだろう。その中でも、法則を見出し、強化していこうとする日々の研究が大切なのだ。

●「法則化」されたカリキュラムが生徒を成長させる

「法則化」の重要性を実感したエピソードを1つご紹介しよう。私は大学生の頃、テニスコーチのアルバイトをしていた。その時に出会ったのが、どんな生徒の悩みもマジックのように解決してしまうTコーチだ。

ある時、Tコーチのレッスンに、ストロークがうまく打てず悩んでいた生徒が参加した。その生徒は、高いお金を払って元プロテニスプレイヤーに習ったにもかかわらず、なかなかストロークが改善しなかったそうだ。元プロでも直せなかったその生徒に対しTコーチは、「相手のラケットにボールが当たった瞬間を見てごらん」とポツリと一言アドバイスをしたのだ。

一般的には打ち方を改善するのに、なぜそのようなアドバイスをするのか私には不思議だったが、Tコーチのアドバイスを聞いた生徒は、いとも簡単にストロークが打てるようになったのだ！　Tコーチは、相手のラケットにボールが当たる瞬間を見ることで、体が素早くボールを返すための準備体制を取るという運動の法則を「経験上」知っていたのだ。そしてそれを、指導の「法則」に変換した言葉で伝えたのである。

これが、「ボールが来たら、こんな感じで打てばいいよ」などの曖昧な教え方では、生徒の問題は解決されなかったかもしれない。

●「経験」を「法則」にさせる

では、どうやって「経験」を「法則」に変換するのか？　方法はシンプルだ。紙とペンを用意して、あなたの「経験」を全て書き出してみよう。「テニスのダブルスで優勝した」、「日本にいながらＴＯＥＦＬ１００点を取得した」といったものだ。

続いて、どうやってその経験を得たのか、方法を探る。例えば、「英単語を覚えるために、単語カードとＣＤを使って、声に出しながら毎日10個の単語を覚えた。」などだ。本当に小さなことでも漏らさず書き出そう。

記入し終わったらそれを眺めて、「いつ、どこでも、一定の条件のもとでは成立する関係」、つまり「法則」を探る。その結果、あなた独自の、より生徒の成長を促すカリキュラムが出来上がるのだ。

手順3．学習効果の高いカリキュラム作成

人は、WHAT（何を？）WHY（なぜ？）HOW（どのように？）CHECK（確認）の4つが揃うと行動しやすい。4つを押さえずに、精神論だけ唱えて、結果が出ないとお客さんのやる気のせいにするのはあまりに乱暴だ。このように、学習効果の高いカリキュラムを作成していく。売ることを考えて硬直してしまう場合は、自分の教科書づくりだと思って、自分のためにカリキュラムをまとめよう。

●「結果が出る」サービスで高額化すべし

教室・スクールの売上は、価格×生徒数の掛け算で決まる。月々１００万円稼ぐには、月額１０００円の商品では１０００人の生徒が必要だが、月額10万円であれば10人の生徒だけでよいのだ。実に１／１００の生徒数である。集客にはコストがかかるので、１０００人の生徒を集めるより10人の生徒を集める方が簡単だと思わないだろうか？　このように高価格商品をつくることで、少ない生徒数でも売上を伸ばすことができる。

学習効果の高いカリキュラム作成

・料理のレシピのように、誰がやっても同じ結果が出るものをつくる
・What-Why-How-Checkの順番にまとめる
・あなたが作業代行する要素を入れない

SAMPLE

1. What（何を?）	低糖質の食事にしましょう
2. Why（なぜ?）	糖質を減らすと、痩せていくからです
3. How（どのように?）	ガイドブックで指定する低糖質の 食事を食べましょう
4. Check（確認）	毎日、食事を報告してください。 トレーナーがアドバイスします

プログラムができあがると、こういった状態になる。

カリキュラムの工程表

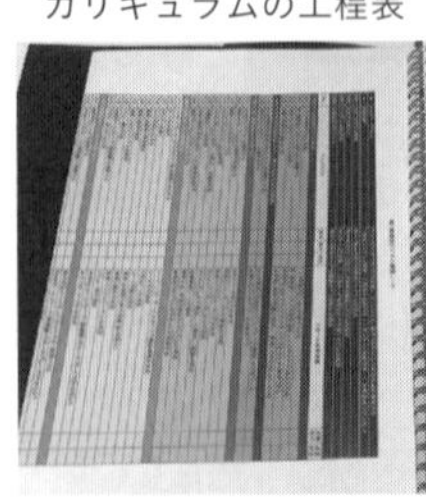

専用テキスト

オンライン講座

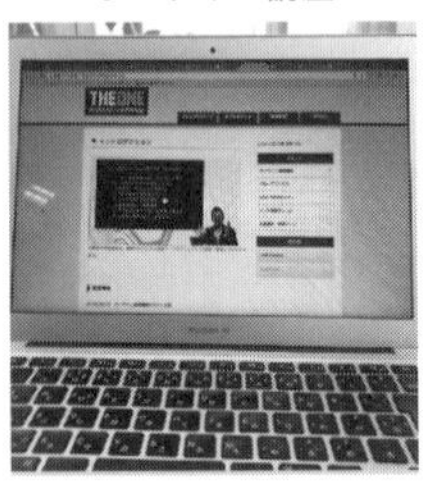

●月100万円稼ぐ2つの方法

低単価の場合 月額１０００円×生徒１０００人
高単価の場合 月額10万円×生徒10人

高価格商品をつくることで、儲かるスクールビジネスをつくり上げたネイルスクールＨ社の事例を紹介しよう。ネイルスクールに通う生徒は、趣味で学びたい人からプロのネイリストを目指す人まで様々である。ネイルスクールＨ社では、そんな生徒に向けて初心者向けからプロ志望まで、多様なコースを用意。それがかえって生徒の迷いとなり、どこを受けたらいいかわからない状態となっていた。

しかも、ネイル技術を学ぶだけであれば、ネットの動画が数百円で買えることもあり、生徒数が伸び悩んでいた。そこで、プロになるまで育てるコースに重点を置いたところ、１２０万円という高額でも生徒が集まった。これにより少ない集客数でも売上を伸ばすことに成功。集客数は少なくてもよいので、広告費まで減らすことができたのだ。では高価格商品をどうやって作ればよいだろうか？

複数のスクールビジネスの立ち上げに関わってきた私の結論は、「生徒の悩みや願望が強い分野で、結果の出るサービスをつくる」ことだ。事例のネイルスクールも、試験の合格や就職支援まで含んだサービスになっている。スクールビジネスの世界では、学んだけれどできなかった、やっても身につかなかったという人が一定数いる。そしてその中には、高くてもできるようになるならお金を払うという人もいるのだ。

たとえば英語の場合、「100日で伝えたい英語が身につく」など、できるようになることを約束するようなスクールは高単価でも選ばれている。逆に、単に知識やノウハウを提供するサービスは、オンライン化してどんどん単価が下がっていく。あなたのスクールで、結果が出るサービスを開発してみよう。それができれば高価格でも喜んで入会してもらえるはずだ。

STEP 5

高確率で自分商品を売る

そもそも、どうしたら人は買ってくれるのか？

僕なりの考えはこうだ。

頭の中でカスタマーサクセスが描けて、支払い能力があれば、人は買ってくれる。頭の中で成功が描けずに、人はお金を払わない。まず脳内成功をつくり出す必要がある。そのために必要なのが、カスタマーサクセストーク。あなたの話を聞いただけで、見込み客の頭の中にサクセスが描けて、もう実現したくてたまらない状態になってもらうのだ。あとは、脳内成功と価格を天秤にかけて、脳内成功に傾けば、あなたを最高値で買ってくれる。僕は当初360万円のパッケージを7社に売ったが、成約率は100％だった。

一方で、僕が利用しているクリーニング屋は、最近ビニール袋に5円取るようになった。僕は袋で解決されるサクセスが描けなかったので、5円を払わない。脳内成功をつくり出せば、100万円でも売れるし、作れなければ、5円でも売れないのだ。価格そのものに高い、安いはなく、顧客価値に対して高い、安いがある。

商品サービスを提供する前に、顧客教育が必要だ。お客さんは2回成功する。1回目は頭の中、2回目は現実に。

●生徒の入会率100％を目指す「入会の公式」

人は商品やサービスそのものにではなく「自分が受け取る価値」にお金を払うものだ。教育スクールビジネスにおける「生徒の価値」とは「生徒の夢や目標が達成できる」こと。それが100％実現できるとイメージしてもらい、投資するお金と時間が100％無駄にならないと信じてもらうことが入会率100％への道である。

「入会の公式」に基づいて、生徒集客の仕組みを見直した成功事例を2つご紹介しよう。1つ目の成功事例は、生徒の成長ストーリーを語ることで生徒数を増やした学習塾A社だ。英語塾A社の課題は、カウンセラーによって入会率に差があることだった。あるカウンセラーは入会率が80％あるのに、別のカウンセラーは入会率が45％だったのだ。

入会の公式：入会率＝生徒の夢・目標－生徒のリスク

この入会率の差の原因は何か？

まずカウンセラーごとに提案のトークを分析したところ、入会率の高いカウンセラーには「共通点」があった。それが、見込み客に合わせて「生徒の成長ストーリー」を語るということだった。プログラム内容や料金説明だけでなく「生徒の成長ストーリー」を語ることで、それを聞いた見込み客が、スクールに入会後の自分自身の成長をイメージしやすくなっていた。また、「生徒の成長ストーリー」を語り出すと、カウンセラー自身もスクールに対する自信が高まり、堂々と入会へのクロージングができていたのだ。この方法を全てのカウンセラーに共有した結果、全体の入会率が高まったのである。

●入会率80％を達成した英会話スクール

2つ目の成功事例は、100日間返金保証で入会率80％を達成した英会話スクールB社だ。

「100日間で話したい英語がペラペラになる」という約束と同時に、「万が一、100日間通っても望む英語力が身につかなければ全額返金」という方針を打ち出していた。

これで生徒はお金を無駄にしてしまうリスクがなくなるし、結果にこだわるスクールの姿勢が伝わりやすくなった。その結果、入会率が80％以上になったのだ。

この2つの成功事例から考えても、入会の公式に基づいて、生徒に夢や目標が達成できると信じてもらい、お金や時間のリスクを減らしていくことが入会率100％への道だ。

「入会の公式」は、カウンセリングだけでなく、セミナーやパンフレット、ホームページにも応用ができるので、ぜひ生徒集客の仕組みづくりに活用してみよう。

顧客教育型カスタマーサクセス・トーク7つの手順

以前サポートしていたクライアントに社会人向けの英会話スクールがある。英会話スクールは競合他社も多く、自社の強みや価値を訴求するのが難しい業界になっていた。そこで顧客教育型セールスを導入し、プログラムを販売する前に、セミナーで顧客教育を実践していった。

これにより高額の英会話プログラムの入会率が飛躍したのである。他のスクールでは、WEBセミナーを導入し、WEB上での販売に成功している事例もある。今から顧客教育型カスタマーサクセストークを、7つの手順に分けてご紹介しよう。

手順① カスタマーサクセスの明確化

自分が本当はどうなりたいのか？　お客様自身が漠然としている場合がほとんどな

ので、一緒に目標を描いていく。

手順② 顧客の言葉を引用し、成功ストーリーを語る

たとえば、都内にあるネイルスクールの事例だ。「私のスクールに入会してください」と言われると、相手は売り込まれているように感じてしまうだろう。

そうではなく、

「私のスクールに通っている生徒さんで、手先が不器用だというコンプレックスを持つ女性がいました。それでも憧れのネイリストになりたいという気持ちが強く、プロコースにお申し込みされました。この生徒さんは2年後に自宅サロンを開いて、人気のネイリストとして活躍しています。この生徒さんは、スクールのカリキュラムがわかりやすく、先生が丁寧に教えてくれたので、楽しみながら成長できました。と喜んでくださいました。」

このように生徒の声を引用することで、あなたの魅力を伝え、購入への意欲を引き出すことができる。

手順③　今までのやり方を手放してもらう

一度学習した知識や価値観を棄却し、新たに学び直すことをアンラーニングと言う。英会話スクールを探している人は、英語学習で挫折している人がほとんどである。そのため、今までのやり方を一旦手放していただき、その人にあった学習方法を選択していただく必要がある。そのために、過去の学習方法をヒヤリングし、なぜそれがうまくいかなかったかを説明し、本人がそのやり方を手放す手助けをする。

手順④　成功の鍵を伝える【サクセストリガーの教育】

結果を出すには何が必要なのか？　成功の鍵（サクセストリガー）を伝える。僕の場合、月100万円突破するには、「自分を高額商品にして、本業×副業のダブルインカムを得ること」だとサクセストリガーを伝えている。

手順⑤　正しい学習方法の伝達

過去のやり方を手放してもらった後に、いよいよ新しい学習方法を伝達する。ポイントは、聞いているだけで、頭の中で成功のイメージを描けるようにすることだ。そのために、成長ストーリーと学習ステップを使って説明する。

手順⑥　自学自習の困難さも伝える

正しい学習方法を伝えるだけではなく、自学自習の難しさも同時に伝えよう。英語学習なら、ネイティブの先生がいないと自分の発音の間違いに気づけない、といったことだ。

手順⑦　二者択一

顧客教育型セールスの特徴は、売り込みをしないことである。ステップ1から6まで終えると、お客様は自分にあった勉強法が理解できているだろう。その上で、自分でやるか、あなたと最短で成果を出していくか、お客様自身に選択していただく。自分で決断することで、契約後に依存を生まず、成果も出やすくなる。あなたも売り込みのストレスを感じることがない。顧客教育型セールスを導入し、人に教える楽しさを味わいながら、契約率を高めよう。

口コミ・紹介を発生させるシンプルな方法

●口コミを発生させる3つの掛け算

顧客があなたに満足して「人に紹介したいな！」と思ったとしても、実際に家族や友人を紹介してくださるケースはそう多くはないだろう。スクールの例で説明すると、仮に生徒がスクールの魅力を語ってくださったとしても、それを聞いた家族や友人が実際にスクールに問い合わせる可能性はさらに低くなる。

では、紹介率の高いスクールは、紹介で生徒が集まる仕組みをどうやってつくっているのだろうか？ 紹介を発生させるには「言葉」、「ツール」、「オファー」の3つの掛け算が大切だ。

ここで、営業教育スクールS社の事例をご紹介する。

「言葉」、「ツール」、「オファー」の3つのポイントを見ていこう。

まず「言葉」だが、「営業で日本一になった営業マンが教える実践型のスクールがあります」というキャッチコピーを用意した。

続いて「ツール」は、チラシにそのキャッチコピーを盛り込み、営業を学びたいという人がいたら、このチラシをプレゼントしてくださいと、生徒に渡すことにした。

3つ目のポイントである「オファー」は、「通常5000円の営業入門講座を、この紹介チラシを受け取った人は無料ご招待」とした。このスクールを受講した生徒に1人5枚ずつチラシを渡し始めて2ヶ月くらい経つと、入門講座を開催するたびに、参加者の半数が紹介で集まるようになった。これなら広告費はかからない。

しかも、紹介で入門講座に参加する方は、メインのコースへの入会率が高かったのだ。最初から紹介者の信頼を得ているため、安心して入会を決意していただけるのだと考えられる。

営業教育スクールS社が変えたことは、「紹介の仕組み」の導入だけだ。カリキュラムや料金は一切変更していない。

私自身、「紹介の仕組み」を構築する大切さを実感したエピソードであった。

まとめると、紹介を発生させるには「言葉」、「ツール」、「オファー」の3つの掛算が大切だ。「言葉」はスクールの魅力が一言で伝わるものを考えてみよう。

よい言葉が見つからない場合は、生徒にアンケートを取るのも効果的だ。「当スクールの魅力を一言で伝えるなら？」と聞いてみよう。

「ツール」としてはチラシのほかに、紹介チケット、メール、最近ではLINE@も有用だ。生徒が使いやすいメディアを選択してみよう。

「オファー」は無料セミナーや体験レッスンなど。紹介の場合、広告宣伝費がかからないだけでなく、生徒の継続率が高いというデータが出ている。

成功している教室・スクールは紹介で生徒が集まっている。口コミしてもらいたい「言葉」、「ツール」、「オファー」を設計しよう。

自分メディア（ブログ）を持ち、自動集客する

これからは会社員もナビに登録せず、ブログやWEBセミナーで見込み客を集めて、契約する人も出てくるだろう。僕の1ヶ月の活動はこんな感じだ。

5000人が
WEBセミナーを
視聴

200人が
説明会や
個別相談に参加

52名が
120万円の
僕の商品を購入

ここでポイントなのが、WEBセミナーや個別相談は、僕は一度映像を撮影したら、何も稼働しないということ。

つまり、WEB上に僕の分身がたくさんいて、24時間365日働いていてくれるのだ。つまり、あなたという高額商品を作り上げたら、あなたの分身の営業マンをつくり、インターネットで24時間365日働いてもらうことができる。

もう一つ、あなたが結果の出る商品になるには、そもそも結果の出るお客さんだけを顧客にすべきだ。それは、精神的、経済的に自立した人のことだ。

WEBで採用面接のようにスクリーニングをかけることで、自立した人・会社だけを顧客にすることも可能だ。実際、僕のお客さんは依存的な人がいなくて、いつも感謝と結果報告がやってくる。本当にありがたい。

逆に、依存的なお客さんばかり集めたらどうなるだろう？　ゾンビのようにあなたにまとわりつき、結果が出ないことをあなたのせいにしかねない。

会社のマネジメントと同じだ。優秀な部下は、メンテナンスに時間がかからないのに結果が出て、ダメな部下は、時間をかけても結果が出ない。あなたの時間とエネルギーを奪うだけだ。そういった結果の出ない人が、自然にあなたからフェードアウトしていく仕組みも、このオンライン上につくっている。

相手に断られたと感じさせないようにしよう。というのは依存的な人ほど感情的に反応してしまうものだ。自分には合わなそう、と感謝してフェードアウトしてもらうのがちょうどよい。

●自然に引き寄せる「集客設計図」のつくり方

顧客を追いかけることなく、自然に引き寄せ、入会していただく仕組みを構築するのがマーケティングだ。そのためには、生徒が自らスクールを見つけて、自分の意志で入会するまでの一連の集客導線を設計する必要がある。その流れをつくるために活用したいのが「集客設計図」だ。集客設計図は、表のように「集客」「見込客化」「顧客化」「ファン化」の4つのプロセスから成り立っている。

①集客…………HPに見込客を集める
②見込客化……顧客情報を取得する
③顧客化………入会してもらう
④ファン化……継続してもらう

道路が途中でなくなると進めなくなるように、生徒の集客導線である4つのプロセスのどれか1つでも欠けていると生徒はスクールにたどり着けない。各プロセスには目的があり、目的に合わせた集客ツールを作ることで集客設計図が完成するのだ。例えば、「②見込み客化」の目的は顧客情報を取得すること。無料レポートを作成し顧客情報（名前、メールアドレス、住所など）と引き換えにプレゼントするといったアイデアが考えられる。

●集客設計図をつくる正しい順番

生徒は、「1→2→3→4」のプロセスでスクールに集まるが、集客ツールの制作は、逆の「4→3→2→1」の順番に構築していく。

なぜなら、いくら最初のプロセスで集客をしても、③のプロセスの顧客化が弱ければ、生徒に入会してもらうことができないからだ。

一定の確率で入会してもらえる体制が整ってから、集客に力を入れた方が費用対効果は高くなる。

STEP 6

毎月100万円以上稼ぐ、長期継続の仕組みを作る

利益は顧客との長期的な関係で生まれる。

「1本100円のボールペンを月額5000円×12ヶ月で販売してほしい」

こんな依頼を受けたら、あなたはどうするだろうか？

「1本100円なのに5000円で売れるわけないし、12ヶ月も継続課金するなんて、あり得ない！」

そんな風に思うかもしれない。

おっしゃるとおり、それは常識的な意見だと思う。

この依頼を受けたら、私なら例えばこんな提案をする。

ボールペンを物として売るのではなく、「ペン字の通信講座」化して、デキるビジネスパーソンと見られるペン字通信講座にすれば、月額5000円×12ヶ月の教育サービスを作ることも可能だ。

デキるビジネスパーソンになる顧客価値が、月5000円×12ヶ月＝6万円という金額より上回れば、買っていただける可能性がある。実際、今までに、語学、速読、ビジネス、ネイル、写真、カラー、お稽古など、様々な通信講座、オンラインスクールの事業化を支援してきた。**このように、教育要素をあなたのビジネスに取り入れることで、高単価×長期間＝高収益が実現できる。**

継続課金を成功させるために、不可欠なもの、それは、「顧客への深い愛情」。

臨床心理学の権威、河合隼雄氏は、愛情についてこのような言葉を残されている。「愛情」とは、関係を絶たぬことである。ストック型ビジネスは、事業の収益を伸ばすことはもちろんだが、その前に、まず顧客への深い愛情が求められる。愛情があるからこそ、より良いサービスが生まれ、顧客満足が実現でき、その結果、サービスを継続させてくれるのだ。

顧客のニーズやウォンツは、アンケートを取ればわかるものではない。

顧客すら気づいていないニーズやウォンツを掴むには、想像力が求められる。想像力の源が、愛情なのだ。

例えば、好きな人とのデートをイメージしてみてほしい。
どんな場所に連れて行ったら喜ぶだろう？
どんな料理が合うだろう？
どんなプレゼントが喜ばれるだろう？
いろんなことを想像すると思う。

ストック型ビジネスを成功させている人たちは、共通して、顧客への深い愛情に溢れている。そして、一年先まで、固定費よりも大きな売上が確定できれば、あなたはお金の不安から解放され、カスタマーサクセスの追求に集中できる。

教育型ビジネスの基本モデル

1. まず、結果の出る高額プログラムを販売
2. 会員制ビジネスで継続課金
3. カスタマーサクセスを追求する生涯パートナー

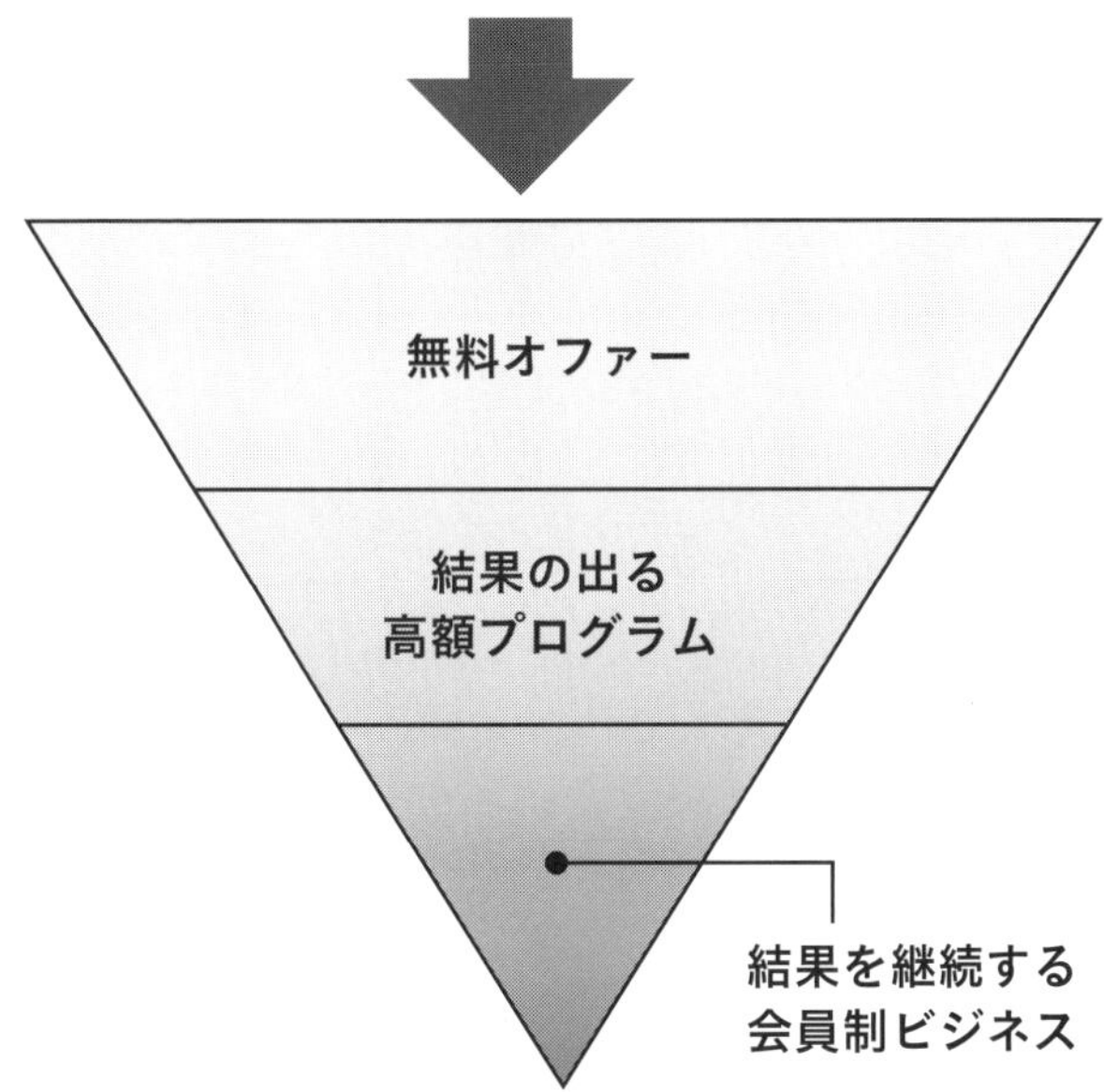

9人の実践者から学ぶ ⑧

年商1億ネットショップ経営 角張拓美氏

角張氏は、副業からスタートし2年目で会社の給料を超えたのを機に独立。ネットショップの経営で自由なライフスタイルを確立し、奥様と全国を旅しながら幸せに暮らしている。ご自身がビジネスを通じて幸せになったことから、そのノウハウを多くの方にも分かち合うことを決意。そのタイミングで僕の講座に参加され、年商1億のネットショップ経営を成功させたノウハウを体系化。

年商1億円の現役経営者として、ネットショップを出店して月商100万円を稼ぐ方法を教えている。プログラム開発後、Facebookで友人に案内しただけで問い合わせが10件以上集まり、高額の講座にも関わらず、

Column

喜んで参加する人たちが増えている。

角張氏のように、本業で結果を出し、結果の出し方を教える、というダブルインカムの手法は、リスクがなく、誰でも実践できるのでオススメだ。

▼角張拓美氏のホームページはこちら

https://takumikakubari.com/

9人の実践者から学ぶ ⑨

子どもとおとなの魂の幸せ・研究所
コスモ・クオーレ
代表　**たかもりくみこ氏**

たかもり氏は、「子どもたちが最高の人生を生きていくために自分を信頼して、自由に豊かに幸せに人生を創っていく大人のサポートをすること」をライフワークとして活動している。

これまで2300人以上の親子セッションを通じ、この分野について20年以上独自の研究を重ね、独自の「コンシャスケアメソッド」を開発し、子どもとおとなの幸せを支援するプログラムを開発。プログラム開発を支援させていただいたところ、ご自身の集大成となるプログラムに学びたい生徒が集まる。主婦業をやりながら、女性起業家としても活躍の場を広げている。

▼たかもりくみこ氏のホームページはこちら　https://kumiko-t.com/

第5章

安売り思考から最高値思考にアップデート

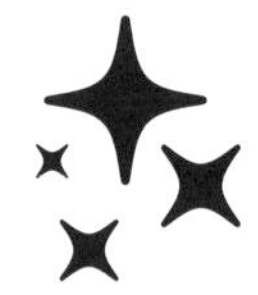

器の大きさしかお金は入ってこない

人が変わるのは、明確な目標設定、そして、その理想の自分に向かって毎日の地味な習慣を持つことだと考えている。僕が最初に月100万円超えた時は、家族の治療費を稼ぐ、というものだった。そのために、ひたすらやるべきことをやった。気づいたらお金が入ってきたわけではない。

習慣こそが人生とビジネスを変える。

ビジネスパーソンは忙しいので仕事の時間、睡眠時間以外に、ほとんど時間がないと思う。この状況で、新規事業を立ち上げようと思ったら本当に時間がない。まず習慣化させるには2つのことが必要だ。

1つは、時間を確保するということ。

もう1つは、時間を使って効果的な行動を取るということ。

習慣化された状態というのは、自然にできる状態なので毎日続けていく必要がある。始めはできないこともあると思うが毎日続けていくことで、それが自然になっていく。このように、目の前の現実を変革するには時間を投資して、習慣化させていく必要がある。

そしてお金というのは、自分の器の大きさしか入ってこない。器が１００万円なら、１００万円以下、１０００万円なら１０００万円以下、といった具合だ。

ここまで、最高値の思考、最高値の戦略を学んできた。これらを実践することで、あなたの元には、お金の流れがどんどん入ってくるはずだ。

最終章では、お金の流れを受け止める器を作るための習慣をお伝えしよう。

お金を受け取る器が大きくなる5つの成功習慣

●成功習慣1　高く売れている人を賞賛する

高く売れている人を賞賛しよう。人への批判は百害あって一利なし。なぜなら、相手を批判したぶんだけ、自分が高く売れた時に、世間に批判されると思ってしまうからだ。それがお金を遠ざけてしまう。逆に、高く売れる人ほど、人から感謝や賞賛がもらえる、というイメージを持ってはどうか？　高く売れている人を賞賛することで、自分も活躍したら、人から賞賛されるんだ、というポジティブなイメージが出来あがる。

●成功習慣2　自分の欲求を自分で満たす

自分の欲求充足の度合いを常に客観視しよう。マズローの欲求段階説が参考になる。自分で自分の欲求充足することを意図しよう。なぜなら、自分というコップを満たし、溢れたぶんだけ人に分かち合えると考えられるようになるからだ。そして、自分の欲求が満たせる人は、人の欲求の満たし方も心得ているので、ビジネスで結果を出しやすい。

●成功習慣3　セルフ成長フィードバック

自分を最高値で売ることで、金銭的報酬は増える。それ以上の報酬がある。それが成長だ。

マズローの欲求段階説でも自己実現欲求とは成長欲求とも言われる。そして、成長した分だけ、価値が増し、さらに高値で自分を売ることができる。成長を実感する上でオススメの方法が、セルフ成長フィードバックだ。僕は毎日、寝る前に、3分ほど時間を取り、自分の1日の成長を振り返るようにしている。そして、今日も素晴らしい一日だったと感謝して眠りにつくのだ。背は伸びないが、自分の価値が伸びているような静かな高揚感が得られる。

あなたの成長は誰にも奪うことはできない。あなたが成長すればするほど経済価値が上がっていく。

●成功習慣4　まず価値を与える

あなたの報酬は、あなたが提供した価値で決まる。なので、本来、価値提供が先で、報酬は後なのだ。あなたという商品に原価はないので、提供しても減らない。むしろ与えれば与えるほど減るどころか増えるのだ。まず、価値を与える、ということを日々の習慣にしていこう。

●成功習慣5　知識のインプット＆アウトプットを繰り返す

知識武装の大切さをこれまで述べてきた。知識のインプットとアウトプットを繰り返すことで、あなたの知のタンクが増えていく。インプットだけでは半分で、自分なりの表現で、カスタマーサクセスに役立つようなアウトプットをしていこう。オススメの方法は、ブログやメルマガだ。無料で発行できる。僕も毎日、ブログ、音声メルマガを配信している。顧客フォローや見込み客開拓になるし、なにより自分の知のタンクが満たされていく。

僕は毎日3分間の音声メルマガを配信している。読者のみなさんからも「今日の内容、面白かったです！」など感想をいただくが、自分の知識のインプット&アウトプットの訓練にもなっている。毎日何かしら人に役立つことをアウトプットするとなると、ぼーっと生活していると何も出てこなくなる。新しい挑戦も必要だし、日々の些細なことに気づく力も磨かれる。人が目標を達成したい時、何か困ったことがある時、その人の頭に思い浮かび、連絡がくるような人間になりたい。人に役立つ人間になりたいと思う。いつでも知の力で道を切り開ける人間になっていきたい。知の力で人の役に立っていきたい。

そのために知識のインプットとアウトプットを繰り返そう。

自分を安売りする人と最高値で売る人

安売り思考から最高値思考へとアップデートする

僕がそうであったように、考え方次第で、人は最安値、最高値、どちらかに向かっていく。あなたの思考が、あなたの経済状態をつくる。今までのおさらいとして、最安値に引き寄せられる安売り思考をアンインストールしよう。あなたの両親、学校の先生、会社の先輩は、最高値を更新しているだろうか？　安売りしているだろうか？　最高値で売る、という目的において、安売りしている人のアドバイスは、役に立たないどころか害でしかない。

僕の母親は、人間として正しいことをたくさん教えてくれた。しかし仕事に関するアドバイスはすべてスルーさせてもらった。母のアドバイスは、安定する公務員か大企業に就職したほうがいい、だった。終身雇用の安定を選ぶ、というのは、深く心を読み解くと、自分には、自らの力で新しいものを生み出す価値がない、と思っている人の発想だろう。確かに母は専業主婦だったので、そう考えるのは自然だと思う。とはいえ、もし自分が20代、「終身雇用の安定を手に入れたい」という思考で働いていたらと思うとぞっとする。野生のビジネスパーソンになることが怖くて、自分を安売りしてでも、1つの会社にしがみついただろう。

あなたという商品の現在の値段、そして経済状況は、あなたの思考がつくっている。

最安値の思考をインストールすると、頑張れば、頑張るほど、報酬が下がる。

最高値の思考をインストールすると、頑張れば、頑張るほど、報酬が上がる。

今から、安売り思考、最高値思考をチェックしていこう。

安売りの人は、作業してお金をもらう
最高値の人は、人を動かしてお金をもらう

あなたの時間を使って作業・代行すると時間がなくなるので、顧客数を増やせない。作業してお金を受け取る働き方だけを選んでいると、1ヶ月のまとまったバケーションとか、自由な時間を手に入れることができなくなる。今、会社に勤めている人も、フリーランスの人も、ご自身の手足を動かして作業代行していたら、その働き方で時間の自由を手に入れることは難しい。

60分かかっていた仕事を45分に短縮できたとしても抜本的な生産性の向上にはならない。

作業・代行を一切せず、手足が縛られた状態で、いかにカスタマーサクセスを提供できるのか、を考えることが、最高値で売ること、自由を手に入れる第一歩。

代行せず、顧客に動いてもらって価値をつくり、カスタマーサクセスを実現していくのだ。

安売りの人は、時間にコミット
最高値の人は、結果にコミット

働く時間で自分の価格を決めると安売りに向かっていく。なぜなら働く時間というのは、あなたが生み出す付加価値とは関係ないからだ。

例えば、僕がラーメン屋で時給900円のバイトをしていた時、どんなに高速で、うまいラーメンが作れたとしても、時給で雇用契約を結んでいたら、等しく時給900円。時間でお金が払われるので、たくさんの収入を得るには長時間働く必要がある。

あなたが本来生み出している付加価値（生産性）は、時給とは関係がない。付加価値を生み出せば生み出すほど、会社側は儲かるが、あなたの報酬は時給で決められた金額だけ。

時間ではなく、結果にコミットして働こう。今、時給型の働き方でも、結果にコミットしていれば、最高値で売る力が磨かれる。

安売りの人は、ばら売りする
最高値の人は、ワンストップサービスを売る

ばら売りは安売り思考の典型である。例えばウェディングサービスというのは、総額500万円、800万円といった高額になるわけだが、人生最高の思い出、というカスタマーサクセスを提供している。しかし、ウェディングサービスを構成する、お花、食事、衣装、といったものをばら売りしたらどうだろうか？　ぐっと値段は下がるはずだ。なぜなら、それ単体では、最高のカスタマーサクセスを実現できないからだ。

最近、個人がインターネット上でスキルを売買するサービスが出てきているが、例えば「ロゴ作成500円です」「データ入力1文字1円です」みたいなばら売りだと、大きなカスタマーサクセスを叶えられないので安くなってしまう。

経験を積むためにやるのはよいが、ずっとやっていてもあなたを最高値で売ることは難しい。元請けでワンストップサービスを提供するなら高値で売れるようになる。

安売りの人は、お金と時間の自由を、引退後のゴールにする
最高値の人は、お金と時間の自由をスタートにする

僕の主宰する講座では、ゼロから3ヶ月で月100万円を突破し、毎月100万円以上の収益を得ることを1つのゴールにしている。そのために、高額×長期継続の商品パッケージを作っていただく。最初の3ヶ月間で、ある程度のお金と時間の安定を狙って達成していく。これまでも述べてきたとおり、お金と時間の自由が手に入る働き方と、そうでない働き方は存在する。

お金と時間の自由を目的としているわけではないが、その2つは、あなたの人生を加速させる資源だ。お金と時間がなければ、新しいことを学び、自分の付加価値を高める、ということが難しい。例えば、ビジネスの最先端を体験したいと思ったら、インターネットで無料で調べるだけでなく、アメリカや中国を視察したほうが得られるものが多いはずだ。そのためには、お金と時間が必要だ。だから、最初から2つの大切な資源が増えていく働き方を選びましょう、と言いたいのだ。

安売りの人は、人と同じことをして安心を得る
最高値の人は、人と違うことをして高額を得る

どんなことを仕事にしてもよいのだが、人と同じことだけでは最高値で売ることは難しい。あなた以外の人もできるなら、相対的に価値が下がってしまう。あなたがお客さんの立場だとして、同じ商品なら安い方を選びたいはずだ。なぜ人と同じことをすると安心できるのだろう？　僕が思うに、失敗したり、批判されるリスクが低いからだ。僕たちは、すでに決まった正しい答えを暗記し、正しく回答することで優秀さを問われてきた。僕自身、テストで間違うと、先生や親から叱られてきた。だから間違うことが怖い。しかし、実社会で、これをやったら正しい、という正解があるものは少ない。それが分かったら、みんなビジネスや投資で成功できる。

最高値で売れる人たちは、うまくいかない不安を抱えながら、人と違うことをして価値提供し続けて、高額を得る。評価されるのは売れてからだが、大切なのは、売れるまでやり続けること。自分を信じ続けることだ。

安売りの人は、ないものにフォーカスする
最高値の人は、あるものにフォーカスする

今あるもので勝負するのが最高値を更新していく人の考え方だ。逆に、安売りの人は、ないもの、足りないものにフォーカスして「自分は不十分なので、半人前だ」と考える。すべてが完璧にできる人などいるだろうか。今あるものでカスタマーサクセス（顧客の成功）を追求していくことで最高値を更新していける。最高値で売る人たちは、わらしべ長者のように、今あるものを最大限分かち合って、お金を受け取っている。

ないものにフォーカスして足りないものを埋めようと勉強や練習ばかりしていたら、お金を受け取るのではなく、いつまでもお金を払う側だ。ないものにフォーカスするのか、あるものにフォーカスするのか、あなたは今、この瞬間から選べる。あるものを最大限分かち合う人生を始めよう。

安売りの人は、求められる仕事をする
最高値の人は、活躍する仕事をする

求められる仕事を素直にやるだけでは、単なるいい人、使える人で終わってしまう。自分の役割を全うすることは大切だが、それだけでは安売りから抜けられない。では、活躍する仕事とはどんな仕事だろうか？

これまで何度も述べてきているが、カスタマーサクセスをワンストップで提供できる仕事だ。その仕事を創る人、仕組みを創る人は活躍していく。企業向けなら継続的な利益の実現、個人向けなら継続的な幸福の実現だ。

優秀な経営者は、カスタマーサクセスを実現できる仕組みを日夜考えている。彼らは最高値の報酬を得るかもしれないが、彼らがマニュアル化した仕事を、マニュアル通りにこなせる人は、求められる安売り人材にはなれても、活躍する最高値人材にはなれない。仕事を創る最高値人材になろう。

安売りの人は、仕事のできない上司に好かれる
最高値の人は、仕事のできない上司に嫌われる

あなたの職場に、仕事のできない上司や先輩はいるだろうか？　彼らに好かれようとするのは安売りの思考だ。彼らの中には出る杭を打ち、自分の立場を守ろうとする人もいるかもしれない。彼らの飼い犬のようになっては、自分を安売りしてしまう。あなたの本来の能力に蓋をしてしまう。

一方で、最高値で売る人は、仕事のできない上司から脅威に感じられる存在だ。脅威と感じられるのは、自分の存在を脅かされるからだ。仕事のできない人は、自分の価値のなさをよく分かっている。だから不要な存在になることを一番恐れている。だから邪魔をしたり、非協力的な態度をとるだろう。無意味な忠誠心を求めるかもしれない。見るべきは顧客だ。顧客価値を追求し、圧倒的な結果を出し、仕事のできない上司や先輩を追い越したならば、今度は言うことを聞いてくれるかもしれない。

安売りの人は、働きがいだけで満足する
最高値の人は、働きがいと高額報酬の両方で満足する

働きがいは大切だ。しかし、「働きがいがあるから安い給料、安い報酬でもいい」と思ったら、自分を高く売ることはできない。

「好きな人と働ければ、お金は特に気にしない」
「働きがいのある仕事なら、収入は二の次」

一見、素晴らしい考え方にも思えるが、自分を最高値で売りたいなら、顧客（会社）があなたに、働きがいと高額報酬を提供できるように意図しよう。人生は注文したものしか手に入らない。

「働きがいと高額報酬の両方がほしい」

せっかくならこんな注文をしよう。それが見合う自分へと磨きをかけよう。

安売りの人は、価格そのものに高い・安いがある、と考える
最高値の人は、価値に対して高い・安いがある、と考える

何度もお伝えしてきた通り、価格そのものに高い・安いはない。価値に対して高い・安いがあるのだ。価値とは、あなたが決めるものではなく、顧客が決めるものだ。プロ野球選手の中には、1億円の報酬を受け取る人たちがいる。彼らにとっての顧客（球団）がそれだけの価値がある、と思うから高額報酬を払うのだ。一方で、僕がクリーニング屋のレジ袋の5円を渋るように、たった5円でも価値がないと思えば、お金は払わない。

そう考えると、自分を最高値で売る秘訣は、お金に糸目をつかない裕福な顧客を相手にすることだとわかる。価値を決めるのは、常に顧客だから、顧客を見て、顧客価値を追求していけば、高くても売れるのだ。

安売りの人は、お金の使い道を考えていない 最高値の人は、お金が必要な目的がある

自分を高値で売り、大きく稼ぐ人は、お金の使い道を持っている。お金の使い道、稼ぐ動機が、あなたをより一層、最高値にさせる。数年前、僕の友人が新婚旅行として、1年間の世界一周旅行に行くことを決めた。彼は物欲のない人だったが、世界一周を決意してから、ビジネスを加速させ、あっという間に自由に使えるお金を3000万ほど用意していた。お金の使い道を持っている人にお金は流れていくものだと教わったエピソードである。

彼に感化されて、僕も世界一周しながらビジネスを回す、というライフスタイルにシフトすることを決めた。決断してから3ヶ月ほどで、1ヶ月で6000万ほどの粗利益を稼ぐことができた。

お金が必要な目的を持っている人にお金は流れていく。流れてきたお金を上手に使って、さらに最高値な自分になっていこう。

安売りの人は、自分の欲求充足すらできない
最高値の人は、人の欲求充足もできる

自分で自分の欲求充足ができないと、入ってくるお金より、出ていくお金が増える。

マズローの欲求段階説を思い出してほしい。なぜ水商売では、10倍の料金でお酒が売れるのか？　愛と所属の欲求、承認の欲求を満たそうとしているからだと僕は考えている。職場や家庭で認められない、そう感じている人が、お金を払って、「大変だよね」というねぎらいに、「すごい！」という賞賛にお金を払うわけだ。水商売は、人間の心理を見事にとらえた生産性の高い仕事だ。

自分で自分をねぎらい、賞賛できるならお金はかからない。そして自分が満たされていると、相手を満たす余裕が出てくる。自分の欲求は自分で満たし、相手の欲求を満たせる人ほど、収入は増え、支出は減り、お金が貯まっていくのだろう。

安売りの人は、報酬を人に決めてもらう
最高値の人は、最高値の報酬を自ら提案する

あなたが商品を買う立場なら、できるだけ安く買いたいと思うはずだ。誰だってそうだ。相手に報酬を決めてもらうということは、自分で価格の決定権を持っていない。相手が安値で提案してきたら、それに甘んじなければならない。

本書で自分を高額で売るセールス手法をお伝えしてきたが、いくら自分という商品価値を磨いたとしても、自分を高額でセールスできなければ安売りしてしまうことになる。

自分の価値をしっかりプレゼンして、最高値で売ろう。相手に価格を委ねてはいけない。通常、人はできるだけ安く買いたいのだから。

安売りの人は、なんでも安く買おうとする
最高値の人は、価値あるものには高額を払う

なんでも安く買おうとする価値観を持っていると、自分自身も、安く売ろうとするだろう。

なぜ人が高くても買うのか、その感覚がわからないはずだ。

最高値で自分を売る人は、価値あるものにはポーンと高額を払う。最高の体験をするためのディナー、最高の思い出を作る旅行、最高のカラダを作るプライベートジム。

価値あるものにお金を払う、という消費者マインドを持っている人ほど、価値あるものにはお金を払ってもらえる、という販売者マインドを持つことができる。

安売りの人は、同じことを繰り返して退化する
最高値の人は、新しいことにチャレンジして進化する

あらゆる仕事には賞味期限がある。フィルムカメラがデジタルカメラ、スマートフォンに置き換わったように、より価値あるものに消費は移っていく。なので、ただ同じ経験を毎年繰り返しているだけでは、現状維持どころか価値が下がってしまう。

子供の頃、お札を高速で数えられる銀行職員をかっこいいと思った。今、お札を数える仕事は機械がやっている。デジタルマネー化していくと、紙のお金に携わる仕事は賞味期限切れになる。

あなたの仕事の賞味期限はどうだろうか？

最高値の人は、顧客を見て、新しいことにチャレンジし、自分を進化させている。

安売りの人は、一人で頑張る
最高値の人は、分身の術を使う

僕は分身の術を使っている。どういう意味かというと、僕の動画、メール、ブログ、音声アプリ、SNSといったものは、一度、映像や音声、テキストとしてエネルギーを吹き込んだら、24時間365日、文句も言わず、いつも同じ笑顔、同じコンディションで価値提供してくれる。

eラーニングの講師としての僕だけなく、営業マンもマーケターも僕の分身がいる。僕の商品説明会を撮影した映像がオンライン上にあるので、見込み客にまずこの映像を見ていただき、セールスを自動化している。本書も、一度執筆したら、紙の本や電子書籍が読者に読まれるのを待っている。

仕事にエネルギーを込めて、分身の術でレバレッジをかけよう。

安売りの人は、名前を名乗らない
最高値の人は、自分の名前で仕事をする

あなたは名前を名乗る必要がある仕事をしているだろうか？　それとも「●●会社の営業担当です」のように個人名が不要な仕事だろうか？

例えば美容室は、指名されるスタイリストほど単価が高い。世界的なトップスタイリストになると、往復の航空券、ホテル代を払ってまで呼ぶセレブもいるという。

自分の名前で仕事をする、ということは代えが利かない仕事なのである。名前を名乗る必要がないのは、代えがきく仕事だ。そして、代えがきくなら安くなってしまう。

あなたの名前で仕事をしよう。あなただから頼みたい、と言われる仕事をしよう。

安売りの人は、好きなことを先延ばしする
最高値の人は、好きなことを仕事にする

人からやめろと言われてもやりたいくらい、情熱が湧く仕事にしよう。

モチベーションという言葉があるが、モチベーションを上げなければ行動できないことをやっても大した価値は生まないはずだ。モチベーションの低い人を動かすのは本当に大変だ。

止められてもやりたいことなら、自ら燃えて、創意工夫し、新たな顧客価値を作り出そうとするだろう。では、どうしたら好きなことが見つかるのか？ 僕がやったことを紹介したい。仕事でもプライベートでも、やりたくないことを1つずつ手放して、やりたいことを1つずつやっていく。やりたくないことをやっていると、嫌なことへのストレス耐性が強くなって、好き嫌いの感覚が麻痺してしまうのだ。

好き嫌いの感覚を取り戻すために、1つずつやりたいことを増やし、1つずつやりたくないことを捨てていこう。

おわりに

あなたはもっと高値で売れる

ビジネスにおいて唯一お金を払ってくれるのは顧客だ。本書では、一貫してカスタマーサクセス（顧客の成功）を売ることを通じて、最高値の人材になろう、と提案してきた。僕たちが、どんな商品・サービスを扱っているとしても、本質的に売っているものはカスタマーサクセス（顧客の成功）だ。カスタマーサクセス（顧客の成功）の追求に不況はないと信じているし、あなたの報酬にも上限はない。あなたはもっと高値で売れる！

あなたは今日を境に、最高値の人生をスタートしていく。自分史上最高値を更新していく人生が始まる。最高値の人生は素晴らしいことで溢れている。僕たちが実際に体験したことを最後に伝えたい。

最高値の人生がもたらす3つのギフト

●顧客との深い友情

カスタマーサクセス（顧客の成功）を追求していくと、人のもっとも高い欲求である、自己実現の欲求へと踏み込んでいく。自己実現とは、一度きりの人生で、どれだけ素晴らしい人生を過ごせるか？ というものだと考えている。顧客の自己実現に関わることで、顧客との深い友情が芽生える。僕自身、ビジネスを始めてからの10年間、本当に素晴らしいお客様と出会うことができた。初対面の時は、形式的な挨拶から始まるが、真剣勝負の仕事が始まると、お互いの人生の深い部分に触れ合っていく、という体験を幾度となくさせていただいた。プロジェクトの節目には、飲みに出かけ、仕事の話だけでなく、プライベートの話、子供時代の話、家族の話、夢の話で盛り上がった。僕がトラブルに巻き込まれ、不安でいっぱいの時は、兄貴のように支えてくれた。僕が独りよがりになってしまった時は、父親のように叱ってくれた。プライベートで悲しいことがあれば、母親のように優しくそばにいてくれた。そんなビジネスの関係を超えて、深い友情を育ませていただいた。僕自身も、嫌われることを覚悟で、自分が信じることを伝えたこともある。本書を書きながら、その方々の顔が何度も思い浮かび、言葉にならない熱いものがこみ上げ、何度も執筆を止めなければならなかった。これを読んでくださったあなたとも、本書を通じて学びを深めることができたなら、これ以上の喜びはない。本書に関して、あなたの率直な感想を聞かせていただけると嬉しく思う。ぜひ短いメッセージでよいので、僕のホームページやAmazonのレビューに書き込みいただきたい。どんなレビューにも感謝したい。いただいたメッセージを受け止めて、必要であればホームページなどで補完し、より価値あるものをお届けできるように努めていく。本書を通じて、あなたとのご縁をいただけたこと、本当に感謝いたします。

●新しい才能の開花

最高値の人生を始めると、新しい才能が次々と開花していく。ここである女性の話をしたい。この方は、もともと主婦として子育て中心の人生を過ごしていた。今では、海外のスピーカーとプロジェクトを立ち上げるなど、女性起業家として活躍している。何人ものメンバーを率いてパワフルなリーダーシップを発揮している。自分を商品化し、最高値で売ることをスタートしてから、彼女はいくつもの才能を開花させていった。面白いことに、彼女の周りの人たちも次々と才能を開花させている。僕が主宰する「新・講座型ビジネス実践会」には、本書の内容を実践する人たちが全国各地から集まっている。起業家、会社員、主婦、フリーランスの人たちが、それぞれユニークな才能を発揮しており、メンバーの才能が同時多発的に開花している。最高値の人生をスタートすると、あなたの中に眠る才能が次々開花していくはずだ。

●はち切れんばかりのエネルギー

最高値を更新している人たちは、とにかくエネルギーに溢れている。気を抜くと吹き飛ばされてしまうほどだ。子供のような好奇心と大人の知性を兼ね備えている。人生１００年時代を生涯現役で活躍していくパワーに溢れている。

個人が価値を最大化できる社会

自分の成長を通じて、社会に貢献する。自分を商品にする働き方において、自分の成長をもっとも実感できるのが「利益」だと僕は考えている。なぜなら、利益とは顧客満足なので、利益が多ければ多いほど、人を喜ばせているからだ。ビジネスとは人を喜ばせるスポーツだと考えている。売上が得点、費用が失点、得失点差が利益だ。ただスポーツと違って人と勝ち負けを競うものではない。昨日より今日、今日より明日へと、自分を超えていくスポーツだ。利益を使って、さらに自己投資し、さらに自分という商品を高付加価値なものに高めていくことができる。

自分という商品をパッケージ化し、顧客に売り、顧客満足の対価として利益を得る。利益をさらなる自己成長に投資していく。この善循環をグルグル回すことで、代わりのきかない、圧倒的経済価値の高い人間へと成長できる。

僕の人生観はこうだ。自分がどんな人間になりたいか、という理想像を持ち、1ミりでも理想へと近づいていくことが人生だと思っている。理想が描けない場合は、憧れる人のコミュニティに参加したらいい。なぜなら、そのコミュニティに所属することで、あなたの思考が変わっていくからだ。本書では、自分史上最高値で売る生き方を提案している。僕が主宰するコミュニティでは、月100万円突破する人がどんどん出てきているが、それが当たり前、という価値観になるので、今までの思考の枠を超えて、どんどん自分を最高値で売れるようになっている。

お客さんは、本質的にはカスタマーサクセスを手に入れるために、あなたにお金を払っている。カスタマーサクセスを追求すれば、あなたは最高値を更新し続けられる。そして、時間ではなく価値で報酬を受け取り、複数の顧客を持ち、移動を必要としない働き方を実践すれば、あなたがどこにいてもお金が入ってくる。人生の幅が広がる。僕は、すべての人が専門家、プロフェッショナルとなり、一人一人が価値を最大化できる社会をつくる、というビジョンを抱いている。大きなビジョンだが、自分を変えられない人間に、社会など変えられるはずがない。まずは自分、そして身近なクライアントと自分たちの人生とビジネスの変革を進めている。

あなたのやりたいことは加速的に実現していく。ＡＩやロボットを活用することで生産性を高めることができる。アウトソーシングを活用してもいい。あなたにしかできないことに集中し、それ以外は人に任せる。あなたの専門領域をどんどん深く・広くしていくのだ。あなたの価値を最大化するには、あなたじゃなくてもいいことはすべて人に任せるか、やめよう。

あなたがやりたいことを追求して、人に貢献することが、これからの働き方だと、僕は思う。本書を実践すれば、ゼロから3ヶ月で月１００万円稼ぐことは現実ラインだし、１年先まで黒字化し、さらに収益を拡大していける。

自分を最高値で売るための考え方、方法は本書にまとめた。成功事例も掲載した。あなたの価値を最大化し、最高値で売る人生を始めよう。

２０１８年8月　小林 正弥

自分を“最高値”で売ることを決めたあなたへ

３つの読者特典

LINE@に登録するだけで、
こちらの特典をプレゼントします。

①会社を辞めずにリスクなく月100万円稼ぐ方法（オンライン講座）

②自分を最高値で売る6ステップ（ワークシート）

③日刊音声メールマガジン

ID入力、またはQRコードを読み取って特典を手に入れてください。

ID：@ucy3063u

小林正弥 公式サイト
https://kobayashimasaya.jp/
※特典の配布は予告なく終了する場合がございます。

【著者略歴】
小林正弥（こばやし・まさや）
（株）教育スクールビジネス研究所 代表取締役
1983年 埼玉県生まれ。2006年早稲田大学理工学部卒。25歳で独立したものの全く稼げず、時給900円の日雇いバイトを経験。家族の治療費のため、自分を最高値で売ることを決意し、1ヶ月後に毎月210万円の報酬が得られるようになる。その後、自分を商品にして1億円プレイヤーとなり、今回、起業10年の経験を本にまとめた。「本業で結果を出して稼ぎ、結果の出し方を人に教えて稼ぐ」、ダブルインカムの手法を実践する「新・講座型ビジネス実践会」を主宰。教えることを仕事にしたい個人事業主・主婦・会社員・起業家が全国から集まっている。ゼロから3ヶ月で月100万円稼ぐ人が続出していることから、「才能をお金に換える専門家」と呼ばれ、年間3,000万円、1億円稼ぐクライアントもいる。自身がお金に苦労した経験から、地に足のついたアドバイスに定評がある。

小林正弥公式HP　https://kobayashimasaya.jp/

自分(じぶん)を最高値(さいたかね)で売(う)る方法(ほうほう)

2018年 8月11日　初版発行
2019年11月 4日　第4刷発行

発行　**株式会社クロスメディア・パブリッシング**
発行者　小早川幸一郎
〒151-0051　東京都渋谷区千駄ヶ谷4-20-3 東栄神宮外苑ビル
http://www.cm-publishing.co.jp
■本の内容に関するお問い合わせ先 …………………… TEL (03)5413-3140 ／ FAX (03)5413-3141

発売　**株式会社インプレス**
〒101-0051　東京都千代田区神田神保町一丁目105番地
■乱丁本・落丁本などのお問い合わせ先 ……………… TEL (03)6837-5016 ／ FAX (03)6837-5023
service@impress.co.jp
（受付時間　10:00～12:00、13:00～17:00　土日・祝日を除く）
※古書店で購入されたものについてはお取り替えできません

■書店／販売店のご注文窓口
株式会社インプレス　受注センター ……………………… TEL (048)449-8040 ／ FAX (048)449-8041
株式会社インプレス　出版営業部 ……………………………………………… TEL (03)6837-4635

カバーデザイン　金澤浩二（cmD）
本文デザイン　cmD

印刷　株式会社文昇堂／中央精版印刷株式会社
製本　誠製本株式会社
ISBN　978-4-295-40228-2 C2034